MW01247282

Enjuiciamiento Penal Del Estado De Chiapas: O Ensayo De Codificación De Las Leyes Procedsales Vigentes En El Fuero Común Y En El Constitucional Del Estado...

Juan Felix Zepeda

Nabu Public Domain Reprints:

You are holding a reproduction of an original work published before 1923 that is in the public domain in the United States of America, and possibly other countries. You may freely copy and distribute this work as no entity (individual or corporate) has a copyright on the body of the work. This book may contain prior copyright references, and library stamps (as most of these works were scanned from library copies). These have been scanned and retained as part of the historical artifact.

This book may have occasional imperfections such as missing or blurred pages, poor pictures, errant marks, etc. that were either part of the original artifact, or were introduced by the scanning process. We believe this work is culturally important, and despite the imperfections, have elected to bring it back into print as part of our continuing commitment to the preservation of printed works worldwide. We appreciate your understanding of the imperfections in the preservation process, and hope you enjoy this valuable book.

ENJUICIAMIENTO PENAL

DEL

ESTADO DE CHIAPAS,

O ENSAYO DE OODIFICACION

DE LAS LEYES PROCESALES VIGENTES EN EL FUERO COMÚN
Y EN EL CONSTITUCIONAL DEL ESTADO,
POR EL

LIC. JUAN FELIX ZEPEDA

Con un prólogo del

SR. LIC. JACINTO PALLARES,

PROFESOR DE LA ESCUELA N. DE JURISPRUDENCIA
DE MEXICO.

MEXICO

IMPRENTA DE LAS ESCALERILLAS NUMERO 11.
(Avenida Oriente núm. 540.)

1889

ENJUICIAMIENTO PENAL

DEL

ESTADO DE CHIAPAS,

O ENSAYO DE CODIFICACION

DE LAS LEYES PROCESALES VIGENTES EN EL FUERO COMÚN
Y EN EL CONSTITUCIONAL DEL ESTADO,

POR EL

LIC. JUAN FELIX ZEPEDA

Con un prólogo del

SR. LIC. JACINTO PALLARES,

PROFESOR DE LA ESCUELA N. DE JURISPRUDENCIA
DE MEXICO.

MEXICO
—
IMPRENTA DE LAS ESCALERILLAS NUMERO 11.
(Avenida Oriente núm. 540.)
1889

S
MEX/CH
3   Z
F8

CR TX
2574e

7/17/51

Al Señor Presidente de la República General Don Porfirio Diaz.

Testimonio de respeto de S. S. S.

Juan F. Zepeda

Tapachula,
6 Febrero 1891.

PRÓLOGO.

—

Laboriosa en extremo á la par que de grandísima utilidad, es la obrita que sin pretensión ninguna y bajo el modesto título de *Enjuiciamiento Penal*, ha escrito el joven abogado de Chiapas, D. Juan F. Zepeda.

Aunque á primera vista esa obra tiene una importancia puramente local, pues su objeto es refundir en un cuerpo metódico y ordenado las diversas disposiciones legales á que la deficiente ley del Estado de Chiapas, hace necesario ocurrir en las múltiples y complejas emergencias de los procesos, la verdad es que el autor, excediéndose del propósito que revela el título de su obra, nos ha dado un estudio amplio, concienzudo y utilísimo de la historia de nuestras leyes de enjuiciamiento penal desde los tiempos más remotos hasta la fecha.

Cada uno de los principios que rigen la materia procesal y que hoy reciben el nombre de garantías del acusado; cada una de las fórmulas del enjuiciamiento; cada uno de los trámites sustanciales del juicio criminal, tiene en esa obra su historia, su genealogía jurídica, sus concordancias; y el espíritu forense se complace en poder seguir por medio de ese abreviado y exacto resumen de nuestra legislación el desenvolvimiento del derecho penal, el progreso constante de nuestras libertades y de nuestras garantías á través de los diversos sistemas jurídicos que han regido en nuestro país.

Minuciosamente recogidas y agrupadas al rededor de cada uno de lns dogmas fundamentales del derecho moderno en materia procesal, todas ó casi todas las leyes que han estado vigentes en México desde la época de la dominación española, consignadas con sobriedad y claridad las doctrinas de nuestros criminalistas, mencionadas las leyes que aunque sea directamente, sí pueden ser en varios casos objeto de aplicación en un proceso, la obra de que nos ocupamos es un verdadero manual de *práctica en juicios criminales*, además de ser un estudio histórico de las fuentes jurídicas de nuestra legislación en ese ramo.

Hoy que al influjo de los trabajos de codificación se van perdiendo los orígenes de nuestro derecho y que la juventud ignora ó no con desdén el proceso histórico de nuestros adelantos, creyendo que todo es obra de la época, que nada nos legaron nuestros abuelos, que el derecho se improvisa, que no hay confraternidad histórica, hoy es no solo útil, sino altamente moral señalarle con el dedo las fuentes de nuestro derecho moderno, lo que debemos á otras épocas y á otros hombres, el camino escabroso y difícil que ha tenido que seguir la ciencia y la justicia para llegar á su reciente simplicidad.

La obrita que nos ocupa en pocas, sencillas y bien ordenadas páginas, ha prestado un doble servicio á la ciencia: simplificar el conocimiento y aplicación práctica de las doctrinas y leyes sobre enjuiciamiento penal; y revelar la filiación histórica y el progreso constante de nuestras libertades y garantías en el orden criminal. Lo primero es útil, lo segundo es altamente moral, y por haber llenado ambos propósitos felicitamos al autor.

MÉXICO, NOVIEMBRE 20 DE 1889.

J. PALLARES.

ADVERTENCIA.

Teniendo en cuenta lo difícil que es el estudio de nuestro procedimiento penal por ser muchas las disposiciones relativas, estar diseminadas en varios cuerpos legales y ser en gran parte simplemente derogatorias, me resolví á emprender este trabajo, que de alguna utilidad puede ser á los estudiantes y pasantes de derecho, así como á los jueces, magistrados y abogados, al menos mientras no se expida un código más en armonía con las exigencias de nuestro foro y con los progresos de la ciencia.

Como quiera que al introducir reformas de ley es muy conveniente respetar lo que la experiencia ha demostrado ser bueno; he creído que esta recopilación, no obstante sus muchos defectos, puede servir de base para la formación del código referido, poniendo como pone de manifiesto los inmensos vacíos de que adolecen nuestros procedimientos penales, á la vez que las importantes disposiciones que sea preciso conservar.

El orden de los tratados ha querido se conformase en lo posible al de los códigos de procedimientos civiles y penales del Distrito Federal; y el texto está tomado: del Código de las Partidas de la Novísima Recopilación; de la Rec; de la Recopilación de Indias; de la de varios autos acordados, reales órdenes y cédulas; de las leyes de 24 de Marzo de 1813; 18 de Marzo de 1840; 5 de Enero de 1857; 15 de Enero de 1862; 15 de Enero y 25 de Febrero de 1863; 31 de Octubre de 1864; 26 de Diciembre de 1866; 13 de Noviembre de 1871; 1º de Junio y 11 de Octubre de 1872; 30 de Octubre de1873; 11 y 30 de Noviembre de 1874; 22 de Junio de 1877; 18 de Enero y 25 de Diciembre de 1878; 23 de Diciembre de 1880; 22 de Diciembre de 1881; 14 de Mayo y 13 de Octubre de 1884; 19de Enero de 1885; 8 de Marzo de 1886; Constitución Política del Estado de 4 de Enero de 1858; ley reglamentaria del artículo 105 de la misma; la transitoria del Código Penal y decretos de 8 y 9 de Agosto de 1888. [*]

Al fin he puesto citas y notas relativas: á disposiciones reglamentarias de juzgados; prisión de agentes consulares ó comerciales extranjeros; extradiciones y exhortos, insertando lo conducente de nuestras leyes y tratados celebrados con las potencias extranjeras; fórmula para las rogatorias que se dirijan á los tribunales franceses; prerogativas de los cónsules ante nuestros tribunales del crímen; circulares sobre prisión de extranjeros y fundamento y motivo de las requisitorias sobre aprehensión y remesa de procesados; y sobre este mismo particular, doctrinas de respetables autores, teniendo en consideración que nuestras relaciones se ensanchan, y que nuestros jueces necesitan estar instruidos respecto de la línea de conducta que deben observar en los casos á que se refieren dichas notas, para proceder con justificación y dar honor á la justicia del país.

He citado al calce de cada disposición legal el artículo y ley á que pertenece; y en el centro he puesto el número de orden de este ensayo de codificación á que corresponde cada artículo, pareciéndome que así se evita toda confusión y se facilita el registro y estudio.

Al calce he citado también ó trascrito alguna ley que explica el texto, ó concuerda con él ó lo amplía.

No he tenido otra aspiración al ocuparme de esta materia, que servir de algún modo á mi país. Si lo consigo, quedaré ampliamente satisfecho.

Ojalá se expida pronto el Código de Procedimientos Penales. Entre tanto este ensayo, según indiqué al principio, por lo menos hará notar la gran deficiencia de nuestras leyes del ramo y la ingente necesidad de formar un todo completo en el que armonicen "las prudentes reformas que la ciencia y experiencia aconsejen," con la que "los siglos han canonizado."

SAN CRISTÓBAL LAS CASAS, ENERO DE 1889.

Juan F. Zepeda.

[*] Posteriormente he agregado cuantas leyes y decretos se dictaron sobre la materia en todo el año de 1888, y otras muchas disposiciones anteriores no citadas en esta advertencia.

ENJUICIAMIENTO PENAL.

TITULO PRELIMINAR.

1

La aplicación de las penas propiamente tales, es exclusiva de la autoridad judicial. La política ó administrativa solo podrá imponer, como corrección, hasta trescientos pesos de multa ó hasta un mes de reclusión...... en los casos y modo que expresamente determine la ley. (1) (2) Artículo 86. Constitución política del Estado.

2

Nadie puede ser juzgado ni sentenciado sino por leyes dadas con anterioridad al hecho y exactamente aplicadas á él

---

(1) La facultad de declarar que un hecho está considerado por la ley como delito, corresponde únicamente á los tribunales de Justicia. A los mismos toca también de una manera exclusiva, declarar la inocencia ó la culpabilidad de las personas acusadas por algún delito, y aplicar las penas que la ley impone.— Código de Procedimientos Penales del Distrito Federal, art. 1 º.

(2) Véase en el apéndice la nota A.

por el tribunal que previamente haya establecido la ley. Art. 80. Constitución política del Estado.

3

Nadie puede ser preso por deudas de un carácter puramente civil...... Los tribunales estarán siempre expeditos para administrar justicia. (1) Art. 82. Constitución política del Estado.

4

Nadie puede ser molestado en su persona, familia, domicilio, papeles y posesiones, sino en virtud de mandamiento escrito de la autoridad competente, que funde y motive la causa legal del procedimiento. En el caso de delito *infraganti*, toda persona puede aprehender al delincuente y á sus cómplices, poniéndolos sin demora á disposición de la autoridad inmediata. (2) Art. 81. Constitución política del Estado.

5

Solo habrá lugar á prisión por el delito que merezca pena corporal. En cualquier estado del proceso en que aparezca que al acusado no se le puede imponer tal pena, se pondrá en libertad bajo de fianza. En ningún caso podrá prolongarse la prisión ó detención por falta de pago de honorarios, ó de cualquiera otra ministración de dinero. (3) Art. 83. Constitución política del Estado.

6

Ninguna detención podrá exceder del término de tres días, sin que se justifique con un auto motivado de prisión y los demás requisitos que establezca la ley. El solo lapso de éste término constituye responsable á la autoridad que la ordene ó consienta, y á los agentes, ministros, alcaides ó carceleros que la ejecuten. Todo maltratamiento en la aprehensión ó en las prisiones, toda molestia que se infiera sin motivo legal, toda gabela ó contribución en las cárceles, es

(1) La administración de Justicia "será gratuita, quedando en consecuencia abolidas las costas judiciales.» Constitución Federal, art. 17.
(2) Véase el apéndice, la nota B.
(3) Véase la nota C.

nn abuso que deben corregir las leyes y castigar severamente las autoridades. Constitución política del Estado, art. 84.

7

En todo juicio criminal, el acusado tendrá las siguientes garantías:

I. Que se le haga saber el motivo del procedimiento y el el nombre del acusador, si lo hubiere.

II. Que se le tome su declaración preparatoria dentro de cuarenta y ocho horas, contadas desde que esté á disposición de su juez.

III. Que se le caree con los testigos que depongan en su contra.

IV. Que se le faciliten los datos que necesite y consten en el proceso para preparar sus descargos.

V. Que se le oiga en defensa por sí ó por persona de su confianza, ó por ambos, segun su voluntad. (1) En caso de no tener quien lo defienda, se le nombrará de oficio un defensor con su aprobación. Constitución política del Estado, art. 85.

8

Quedan para siempre prohibidas las penas de mutilación y de infamia, la marca, los azotes, los palos, el tormento de cualquier especie, la multa excesiva, la confiscacion de bienes y cualesquiera otras penas inusitadas ó trascendentales. Constitución política del Estado, art. 87.

9

A nadie se le recibirá *juramento* (*promesa*) al declarar sobre hechos propios. Constitución política del Estado, art. 91.

10

Ninguna demanda........ sobre injurias puramente personales se podrá admitir, sin que se acredite con la certificación

(1) En caso de no tener quien lo defienda, se le presentará lista de los defensores de oficio, para que elija el que ó los que le convengan. Constitución Federal, art. 20 frac. V.

correspondiente, haberse intentado ántes el medio de la conciliación. Constitucion política del Estado, art. 92.

11

Los ministros del Tribunal, los jueces de primera instancia, los asesores en su caso, y los alcaldes, jamás serán depuestos temporal ó perpétuamente sino por sentencia de tribunal competente, ni suspensos sino por los motivos y en los términos que la ley designe.—(Constitución política del Estado, art. 78.)

12

El soborno, cohecho y prevaricato de los jueces y empleados de justicia, producen acción popular contra ellos. Constitución política del Estado, art. 95.

13

La sentencia......... deberá contener la expresión del hecho, según resulte comprobado, y la cita de la ley en que se funde. Constitución política del Estado, art. 90.

14

Ningún juicio criminal puede tener más de tres instancias, ni el juez ó magistrado que haya intervenido en alguna de ellas, podrá conocer en otra. Nadie puede ser juzgado segunda vez por un negocio ya ejecutoriado. (1) Constitución política del Estado, art, 88.

15

La justicia se administrará en nombre de la ley, y las ejecutorias y provisiones de los tribunales se encabezarán por

(1) Nadie puede ser juzgado dos veces por el mismo delito, ya sea que en el juicio se le absuelva ó se le condene. Queda abolida la práctica de absolver de la instancia. Constitución Federal, art. 24.

Los jueces y tribunales no pueden más que juzgar y hacer ejecutar lo juzgado, de consiguiente, no pueden suspender la ejecución de las leyes, interpretar ni formar reglamentos para la administración de justicia. Constitución política de 22 Noviembre 1825, art. 84.

ellos mismos en nombre del Estado. Constitución política del Estado, art. 79.

16

Las autoridades judiciales tienen obligación de entregar sin demora los criminales de otros Estados al funcionario que legalmente los reclame. Constitucion política del Estado, art. 97.

LIBRO PRIMERO

DE LA POLICÍA JUDICIAL Y DE LA INSTRUCCION.

TITULO I.

DE LA POLICÍA JUDICIAL (1)

CAPITULO I.

De los jefes políticos, presidentes municipales, guardas, jefes de policía ó de cuartel, jefes de manzana ó comisionados de sección y comisionados ó comisarios rurales, considerados como agentes de la policía judicial.

17

Los jefes políticos, *cuando lo exija la tranquilidad pública,* podrán expedír orden por escrito para catear determinadas casas y para arrestar á cualquiera persona mandarán sin ese requisito que se asegure al delincuente infraganti, poniéndo en ambos casos á los arrestados dentro de veinticuatro horas, bajo su más estrecha responsabilidad, á disposición del

(1) La policía judicial tiene por objeto la investigación de los delitos, la reunión de sus pruebas y el descubrimiento de sus autores, cómplices y encubridores. Código de Procedimientos Penales del Distrito Federal, art. 11.

juez competente, á quien manifestarán por escrito los motivos del arresto. (1) Ley de 15 de Enero de 1862, art. 8.

18

Procurarán evitar y corregir la vagancia en sus departamentos. Ley de 15 de Enero de 1862, art. 9. °

19

Excitarán á los tribunales de su departamento á la más pronta y recta administración de justicia, avisando al Gobierno de los defectos que noten en los jueces, pero sin mezclarse en sus funciones. Ley de 15 de Enero de 1862, art, 10. °

20

Es obligatorio á toda autoridad, principalmente á los jefes políticos y presidentes municipales, perseguir los juegos prohibidos y consignar á sus autores á quien corresponda, para la aplicación de las penas contenidas en el capítulo 3. °, título 8. °, libro 6. ° del Código Penal. El funcionario que, llegado el caso de cumplir con lo prevenido en éste artículo, no lo verificare, será penado administrativamente por el Ejecutivo del Estado, en atención á las circunstancias del hecho. Reglamento de policía de 1. ° de Julio de 1880, art. 12.

21

Los Ayuntamientos procurarán que en los pueblos todos haya cárcel segura y cómoda y con especialidad en las cabeceras de departamento. Ley de 15 de Enero de 1862, art. 48.

22

Los ayuntamientos y cada uno de sus individuos en particular, siempre que sea requeridos por el jefe político, juez y alcaldes, les darán auxilio para la ejecución de las leyes, decretos, órdenes superiores y conservación del orden público. Ley de 15 de Enero de 1862, art. 61.

(1) Procedimiento en los cateos con los requisitos del número 105.

23

Los presidentes de los ayuntamientos, en la demarcación de su respectivo municipio, cuidarán del buen orden y tranquilidad pública, con sujeción al jefe político del departamento. Ley de 15 de Enero de 1862, art. 59.

24

Velarán sobre la ejecución y cumplimiento de los reglamentos de policía, y de las leyes, decretos y órdenes que se les comuniquen por los jefes políticos. Ley de 15 de Enero de 1862, art. 60.

25

Para conseguir los objetos de que hablan los dos artículos anteriores. dispondrán de la fuerza de guardia nacional que necesiten. Ley de 15 de Enero de 1862, art. 61.

26

A falta de ella, ó si no fuere suficiente y les pidieren auxilio los vecinos para asegurar sus personas é intereses cuando se hallen amenazados, y en general para perseguir á los malhechores que se encuentren en los términos de su demarcación, y para conservar el orden público, se valdrán de los vecinos, quienes tienen estrecha obligación de obedecerlos, así como á cualquiera otra autoridad pública. (1) Ley de 15 de Enero de 1862, art. 62.

27

Mandarán asegurar al delincuente infraganti, poniéndolo dentro de veinticuatro horas á disposición del juez competente. Ley de 15 de Enero de 1862, art. 63.

28

Reprenderán á los holgazanes, vagos, mal entretenidos y sin oficio conocido, y si no se corrigiesen darán cuenta al jefe político del departamento para que disponga lo conveniente según sus facultades. Ley de 15 de Enero de 1862, art. 64.

(1) Véase al fin la nota D.

29

Los ebrios consuetudinarios se consignarán por el presidente del ayuntamiento á la autoridad competente, para que los juzgue conforme al Código penal. Reglamento de policía de 1.° de Junio de 1880, art. 2.°

30

Los ebrios que no teniendo el carácter de que trata el artículo anterior, se encontraren en lugares públicos, serán conducidos á la cárcel por los comisionados ó agentes de policía, donde permanecerán detenidos solamente por el tiempo necesario á la recuperación del juicio, sin imponerles gravámen alguno al ponerlos en libertad. Reglamento de policía de 1.° de Junio de 1880, art. 3.°

31

Las rondas, patrullas y cualquiera autoridad ó sus agentes, aprehenderán á toda persona que encuentren por la noche con ganzúas, escalas ó cualquier instrumento que infunda sospechas de haberse cometido ó de prepararse la comisión de un delito, y la pondrán desde luego á disposición de quien corresponda, á fin de que proceda á lo que haya lugar. Reglamento de policía de 1.° de Junio de 1880, art. 46.

32

Para los efectos del artículo 855 del Código Penal, los jefes de cuartel, jueces rurales, por sí ó por medio de sus agentes, y los preceptores en los pueblos mixtos de *ladinos* é indígenas, ó en los formados de aquellos solamente, enviarán á la jefatura política del departamento respectivo, al principio de cada tercio de año, lista nominal de los individuos de su comprensión, mayores de quince años, ya sean vecinos ó transeuntes del lugar, que careciendo de bienes y rentas no ejerzan alguna industria, arte ú oficio honesto para subsistir, sin tener para ello impedimento legítimo. Reglamento de policía de 1.° de Junio de 1880, art. 86.

33

Estará á cargo de esta comisión de policía:
Procurar que en la comprensión de la municipalidad no

haya gente viciosa, holgazana y mal entretenida, sino que todos tengan una ocupación útil, promoviendo las medidas que tanto sobre esto, como sobre su persecución, convenga adoptar.

Vigilar sobre que no haya juegos prohibidos. Ordenanzas Municipales de 1.º de Junio de 1840. Capítulo IX, sección II, art. 9.º, fracciones II y III.

34

El individuo (*del ayuntamiento*) á quien toque en turno la ronda, deberá andar la población, recorriendo los parajes donde sea necesario vigilar para que no se cometan delitos y excesos, tan frecuentes por la noche, y para que los delincuentes no se paseen impunemente, eludiendo la vigilancia de las autoridades, procurando inquirir sobre los que los abrigan y ocultan, para que tomando conocimiento el juez competente, sufran el castigo que las leyes imponen. Ordenanzas Municipales de 1.º de Junio de 1840. Capítulo XIII, art. 2.º.

35

Prenderá á los que se encuentren cometiendo algún delito, evitará los escándalos...... no permitirá juegos prohibidos......perseguirá la ebriedad. Ordenanzas Municipales de 1.º de Junio de 1840. Capítulo XIII, artículos 3, 4, 6, y 7.

36

Los guardas estarán obligados á dar pronto auxilio á los Jueces, alcaldes y demás autoridades para la aprehensión de los delincuentes, vagos y escandalosos. Ordenanzas citadas, Capítulo XI, art. 15.

37.

Las atribuciones de los jefes de cuartel son:

Poner en noticia del jefe político ó presidente municipal los hombres y mujeres viciosos, propensos al ocio y sin oficio.

Cuidar de la tranquilidad y orden público, pudiendo aprehender infraganti delito á los perturbadores y escandalosos, dando cuenta inmediatamente á la autoridad ó juez competente.

Aprehender á los ebrios escandalosos, dando cuénta á la autoridad política del lugar.

Procurar que se aprehendan los delincuentes en virtud de orden de autoridad ó juez competente. Ley de 15 de Enero de 1862, art. 74. Fracciones IV, V, VIII y X.

38

Los jefes de manzana tienen las mismas atribuciones que los de cuartel, en su respectiva demarcación, pero sujetos á éstos. Ley de 15 de Enero de 1862, art. 75.

39

En todas las rancherías que convenga...... se establecerán comisionados rurales, que estarán encargados de vigilar por la conservación del orden público. Ley de 15 de Enero de 1862, art. 76.

CAPÍTULO II

Competencia de las autoridades administrativas para imponer penas.

40

Las facultades...... del Gobernador son las siguientes: Suspender de sus destinos hasta tres meses, y privar por el mismo tiempo de la mitad de sus sueldos á los empleados del orden gubernativo y de hacienda que infringieren sus ordenes, y cuando juzgue que debe formarse causa á dichos empleados pasará los antecedentes al tribunal respectivo.

Multar á los presidentes ó individuos de los ayuntamientos por la omisión en el cumplimiento de sus deberes y de las órdenes que reciban del Gobierno. Constitución política del Estado, art. 56, fracciones IV y V.

41

Para dar lleno á sus atribuciones podrán los jefes políticos en sus respectivos departamentos imponer hasta cien pesos de multa, que se aplicarán al fondo de propios y arbitrios del lugar á que pertenezca el multado, ó hasta.... *un mes*....(1) de arresto á los que los desobedezcan ó falten al respeto, ó de cualquier modo turben la tranquilidad pública, arreglándose á las circunstancias de los individuos y oyéndolos sumaria y verbalmente......; más con respecto á las faltas que tengan pena establecida por la ley, se observarán las disposiciones vigentes. Ley de 15 de Enero de 1874, ant. 2.°, reformatorio del 4.° de la Ley de 15 de Enero de 1862.

42

Oirán las quejas contra los funcionarios políticos de los departamentos, y podrán imponerles gubernativamente hasta treinta pesos de multa, que se aplicarán al fondo de propios y arbitrios del lugar del multado, por faltas del resorte del Gobierno; pero en caso que juzguen que deban suspenderse, darán cuenta al Gobierno para que determine lo conveniente. Ley de 15 de Enero de 1862, art. 5.°

43

Si.....alguno se creyere agraviado, podrá ocurrir al Gobierno, que sin ulterior recurso, determinará lo que estime justo. Ley de 15 de Enero de 1862, art. 7.

44

A los que por embriaguez ó cualquier otro motivo turben la tranquilidad pública ó los desobedezcan, podrán los presidentes municipales imponer hasta cincuenta pesos de multa, que se aplicarán al fondo de propios y arbitrios, ó....doble tiempo *(un mes)* de arresto, arreglándose para lo primero á las circunstancias del individuo; y en uno y en otro caso, oyéndolos sumaria y verbalmente......; pero respecto de las faltas que tengan designada pena por la ley, se observarán las disposiciones vigentes. Ley de 15 de Enero de 1874 art. 2.° que reformó el 65 de la ley de 15 de Enero de 1862.

45

Si alguno se creyere agraviado, en el caso del artículo anterior, podrá ocurrir al jefe político, quien sin ulterior re-

(1) Constitución Federal, art. 21.

curso determinará lo que estime justo. Ley de 15 de Enero de 1862, art. 66.

46

Es de la competencia del jefe de policía ó de cuartel, exigir á los vecinos de su cuartel las multas en que incurran por las faltas que cometieren contra los bandos de policía; entregando su importe á la comisión respectiva del ayuntamiento, para que ésta lo ingrese á la tesorería del mismo. Ley citada, art. 74, fracción XIV.

47

Las faltas se castigarán gubernativamente, mientras no disponga otra cosa el Código de Procedimientos.—Código Penal, art. 1145.

48

El comisionado que desobedezca ó falte al respeto al jefe de su cuartel, incurrirá en una multa que nunca pasará de cinco pesos, haciéndola efectiva el mismo jefe; y si fuere necesaria mayor pena, lo hará presente á la autoridad competente para lo que haya lugar. Ordenanzas Municipales, Capítulo XIX, art. 17.

49

Toda omisión ó falta que cometan los empleados *(municipales)* en el desempeño de sus funciones, será castigada por el ayuntamiento con una pena pecuniaria que no exceda de la cuarta parte de sus respectivos sueldos, sometiéndolos á juez competente en caso de que sea necesaria la imposición de mayor pena. Ordenanzas Municipales, Capítulo XX. art. 5.º

50

Las multas que impongan los funcionarios de quienes trata esta ley no se exhibirán á ellos mismos, ni éstos podrán exigirlas, sino que las mandarán á entregar al tesorero de los fondos de propios y arbitrios, quien dará el correspondiente recibo para que el multado pueda satisfacer á la autoridad que lo multó. Ley de 15 de Enero de 1862, art. 79.

TITULO II.

DE LA INSTRUCCION.—REGLAS GENERALES.

CAPITULO I.

De la incoación del procedimiento.

Procedimiento de oficio.

51

Defendemos que no se haga ni pueda hacer pesquisa general y cerrada por algún ni ningún juez ó jueces. Ley 3, título 34, libro 12, Novísima Recopilación.

52

Quando quema o homecillo, o otro maleficio fuesse hecho y algun hombre lo querellase á la justicia, si lo que dixere lo quisiere probar, sea oida.......: y si el fecho fuere en yermo ó de noche, el alcalde *(juez)* sepa la verdad por pesquiza como mejor pudiere....... si la tal cosa fuere hecha, quier en yermo, quier en villa, quier de noche, quier de día, y ninguno diere querella al alcalde de su oficio sepa la verdad por pesquisa. Ley 2 título 34, libro 12, Novísima Recopilación.

53

.......mandamos, que si algún robo, ú otro cualquier maleficio se hiciere, que el alcalde ó juez en cuyo término el dicho maleficio ó robo fuere hecho haga pesquisa ó inquisición sobre ello; y oya á la parte, y le dé copia y traslado de la pesquisa, y sumariamente proceda....... Y si el dicho maleficio *(crimen ó delito)* fuere hecho y perpetrado por tales personas contra las quales las nuestras justicias ordinarias no pueden hacer exclusión, mandamos que todavia haga la dicha pesquisa ó inquisición. Ley 7. título 34, libro 12. Novísima Recopilación.

54

El delito de amenazas con imputación infamatoria previsto por los dos miembros de la fracción 1.ª del artículo 456 del Código Penal, sólo se castigará á petición ó queja de la persona ofendida. Decreto de 23 de Diciembre de 1880. art, único.

55

Mandamos, que las Justicias...... sobre palabras livianas, que pasaren ante qualesquier vecinos de qualesquier ciudades, villas, y lugares dello, *sino intervinieren armas ni efusión de sangre, ó en que no hoibere queja de parte*, ó que si hobiere dado queja, se apartaren della y fueren amigos, (2) *no se entremetan á hacer pesquisa sobre ello de su oficio;* ni procedan contra los culpados ni alguno dellos, seyendo las palabras livianas; ni les tengan presos ni les lleven penas ni achaques por ello. Ley 3, título 25, libro 12, Novísima Recopilación.

CAPITULO II.

De la personalidad.—Acusador.—Acusado.

56

Fazer puede la mujer acusación de muerte de su marido, e el marido de la muerte de su muger, e el padre del fijo, ó el fijo del padre, e el hermano por el hermano; e de si, qualquier de los otros parientes, de manera, que todavia deue ser cabida la acusación del mas cercano pariente. Pero si los mas cercanos parientes fueren negligentes, que non quieran acusar al matador, estonce bien lo pueden fazer los otros: e si pariente non y ouiere ninguno, que pueda, ni quiera acusar

(1) Véanse los artículos 374, 375, 412, 433, 509, 658, 814, 820, 875, 903, 915 916, y 917 del Código Penal.
(2) Véase el art. 258 del Código Penal.

nin demandar la muerte del ome que ouiessen muerto; estonce, bien puede fazer cada uno del pueblo acusación, en aquella manera, e ante aquellos Juezes, que diximos en el Título de las Acusaciones. Ley 14, título 8.º Partida 7.

57

Allegándose muchos omes en vno delante del Judgador, para acusar a vn ome solo, de vn yerro que dixessen que ouiesse fecho, non deue el Judgador recibir la acusación de todos, nin el acusado non es tenudo de responder á ella. E por ende deue el Juez, catar, e escoger el uno de ellos, e que entendiere que se mueue con mejor intención, que faga la acusación; e entonce, al acusamiento de aquel deue responder el acusado. Pero si á este acusador sobredicho lo quisiessen otros acusar sobre otro yerro, mientras que anduuiesse esta acusación, bien lo podria fazer. Ley 13, título 1.º Partida 7.ª

58

Qvando algún ome quisiere acusar á otro, *deuelo fazer por escrito, por que la acusación sea cierta e non la pueda negar, ni cambiar el que la fiziere,* desque fuere el pleyto comenzado: e en la carta de la acusación deue ser puesto el nome del acusador, y el de aquel á quien acusa e el del Juez ante quien la faze, e el yerro que fizo el acusado, e el lugar do fue fecho el yerro de que lo acusa, e el mes, e el año, e la era en que lo fizo: e el Judgador, deue recibir la acusación; e escreuir el dia en que gela dieron; *recibiendo luego del acusador la jura* (promesa de decir verdad) *que no se mueue maliciosamente a acusar, mas que cree que aquel á quien acusa, que es en culpa,* o que fizo aquel yerro de quel faze la acusación. Ley 14, título 1.º, Partida 7.ª.

59

Acusar puede *todo ome que non es defendido por las leyes deste nuestro libro.* E aquellos que non pueden acusar, son estos: *la muger, e el mozo* que es menor de catorze años, e el Alcalde, o Merino, o otro Adelantado que tenga oficio de Justicia. Otrosi dezimos, que non puede acusar á otro, aquel que es dado por de mala fama, nin aquel que le fuese prouado que dixesse falso testimonio, o que rescibiera dineros porque acusasse á otro, o que desamparasse por ellos la acusación que ouiesse fecha. E aun dezimos, que aquel que ouiesse fechas dos acusaciones, non puede fazer la tercera, fasta que sean acabadas por juyzio las primeras....... Nin los, que fueren compañeros en algún yerro, non pueden acusar el vno al otro, sobre aquel mal que fizieren de consumo... nin, el fijo, nin el nieto, al padre, nin el auuelo; nin el hermano á su hermano; nin el criado, o el siruiente e familiar, á aquel que lo crio, o en cuya compañía biuio faziéndole seruicio, o guardándolo. Pero si alguno destos sobredichos quisiere fazer acusacion contra otros... por tuerto ó mal, que ellos mesmos ouiessen recibido, o sus parientes fasta en el quarto grado; o suegro, o suegra. o yerno, o entenado, o padrastro de qualquier dellos....... estonce bien puede fazer acusacion. Ley 2, título 1.º, Partida 7.ª.

60

Seyendo algun acusado delante del Judgador, de mal, o de tuerto que ouiesse fecho, non podria acusar á otro por razon de yerro que fuesse menor o ygual, de aquel de que lo acusase, fasta que fuese acabado el pleyto de su acusación. Fueras ende, si lo ouiesse a fazer sobre tuerto que ouissen fecho a el mesmo, o a alguno de los suyos, de que fezimos enmiente en la tercera ley ante desta. Otrosi dezimos, que si alguno fuesse acusado sobre yerro que ouiese fecho; e despues de la acusación; le prouassen que lo fiziera, e diessen sentencia contra el, de muerte, o de desterramiento para siempre; que de alli en adelante non podria acusar á otro. Fueras ende, si lo ouiesse a fazer sobre yerro que conuiniese a si mesmo, o a los suyos. E aun dezimos, que el acusado contra quien fuesse dada sentencia, como diximos en esta ley, non podría despues acusar a aquel que lo acuso, sobre fecho ageno. Mas si la sentencia que diessen contra el, non fuesse de muerte, nin de desterramiento para siempre, mas para tiempo cierto, entonce, bien podria acusar á su acusador. Ley 5.ª, título 1.º Partida 7.ª.

61

Por *si mismo estando delante del Judgador, e non por Personero*, deue cada vno á otro acusar....... Pero Guardador de huérfanos bien puede acusar a otro en nome de aquel que ouiesse en guardia, en razon de venganza de yerro que tanxiesse al huerfano, o a sus parientes propincos; assí como sobre muerte, o desonrra. del padre, o de la madre, o del auuelo, o del auuela del huerfano o por alguno de los parientes por quien el podria acusar si fuesse de edad. E como quier que el Guardador non pudiesse prouar aquel yerro sobre que lo acussasse, non cae por ende en pena, fuera ende, si prouassen contra el, que se mouiera maliciosamente á fazer la acusación. Ley 6ª, título 1º Partida 7ª.

62

Sobre pleyto sobre que pueda venir sentencia de muerte....... o desterramiento de tierra para siempre, quier sea mouido por acusación, o en manera de riepto, non deue ser dado personero; ante dezimos, que todo ome es denudo de demandar, o de defenderse, en tal pleyto como este, por si mismo, e non por personero....... Pero si algun ome fuesse acusado, o reptado sobre tal pleyto como sobredicho es; e non fuesse el presente en el logar do lo acusassen; estonce bien podria su personero, o otro ome que lo quisiesse defender, razonar, o mostrar por el alguna escuzanza derecha, si la ouiere, porque non puede venir el acusado. E por esto deue el Judgador señalar plazo, a que pueda averiguar la escusa que pone por el. E si la prouare, deuele valer al acusado. Mas como quier que pueda esto fazer, en razon de escuzar al acusado, con todo esso non podria demandar, nin defender tal pleyto por el, en ninguna otra manera, assi como personero. Ley 12, título 5º Partida 3ª.

63

Aquel que es acusado, el por si mismo se deue excusar del yerro quel ponen. Ley 6ª, título 1º, Partida 7ª.

64

Acusado puede ser todo ome, mientras biuiere, de los yerros que ouiesse fechos; (1) mas despues que fuesse muerto,

(1) Véanse las franciones 1ª á 7ª del artículo 34 del Código Penal.

65

non podria ser fecha acusacion del. Ley 7º , título 1º Partida 7º .

Basta una simple carta poder para que una persona pueda representar á otra en los juicios verbales, aunque no sean parientes entre sí. Ley de 15, Enero de 1863. Artículo 3º (2)

66

Qvito seyendo algund ome, por sentencia valedera, de algund yerro sobre quel ouiessen acusado, dende adelante non lo podria acusar otro ninguno sobre aquel yerro. Ley 12, título 1º , Partida 7º .

67

Aquel puede demandar la cosa robada. que la tiene en su poder á la sazón que gela roban; quier sea señor della, o la tenga de otro en razón de guarda, o de encomienda o a peños. Ley 2, título 13, Partida 7º .

68

Aquel ome á quien es furtada la cosa, ó su heredero, la puede demandar al ladrón, o a su heredero, ante el Judgador del lugar ado fuesse el furto, o de otro lugar qualquier en que fallassen el ladrón. Ley 4º , título 14, Partida 7º

69

Prohivimos, defendemos y mandamos, que en ninguno de nuestros.........tribunales.........ni por otros ningunos.........jueces..........no se admitan memoriales (de acusación) que no se den firmados.. obligándose el (acusador) y dando fianzas primero y ante todas cosas á provar y averiguar lo en ellos contenido. Ley 7, título 33, libro 12, Novísima Recopilación.

(2) Las estampillas para documentos y libros se emplearán con sujección a la siguiente tarifa:
0. —23 —Carta poder. —....... 0. —La que no determine cantidad, ni pueda fijarse.
En cada hoja.. .... $ 1 00
(Ley del Timbre de 31 de Marzo de 1887, art. 6º)

CAPITULO III.

Formalidades judiciales.

70

Los secretarios en las causas criminales y sin necesidad de que se acuse rebeldía ni especial providencia del juez, recogerán las causas de las partes, concluidos los términos legales, y lo pondrán en conocimiento del mismo juez. Ley de 15 de Enero de 1863, art. 181.

71

Todos los términos legales se cuentan de momento á momento, son perentorios é improrogables; pero no se contarán en ellos los días festivos, ni aquellos en que vaquen los tribunales. Los jueces no pueden prorogar los términos ni conceder otros nuevos bajo la pena de responsabilidad. Ley de 15 de Enero de 1863, art. 179.

72

En las diligencias urgentes......... que por su naturaleza no permitan demora, los jueces podrán actuar en días festivos y de vacaciones. Ley citada, art. 183.

73

Se omitirá el nombramiento de curador cuando los reos sean menores......... pero mayores de diez y siete años. Ley de 23 de Mayo de 1837, art. 130.

74

Los jueces de 1.ª instancia, en los casos de apelación y en los demás en que......... deban remitir y remitan de hecho los procesos á las audiencias (Tribunal de Justicia) lo ejecuten sin los presos, á no preceder expresa orden......... para ello. Orden de 28 de Agosto de 1820.

75

No ha lugar al juicio de conciliación en las causas de reos que habiendo cemenzado [la pendencia] por injurias, terminan con alguno de los delitos que turban la seguridad personal ó la tranquilidad pública. Orden de 28 de Octubre de 1813.

76

En todas las diligencias que se ofrezcan, no se podrán valer los jueces sino de los alcaldes de los respectivos pueblos. Decreto de 9 de Octubre de 1812, Capítulo 3.º, art. 30.º

77

Eu la capital se encargará la defensa de los reos pobres, en primera instancia, á los abogados que obtuvieren esta plaza en el tribunal superior, por riguroso turno, si fueren varios; y donde no los hubiere, á los abogados particulares, que también se turnarán para este efecto: á falta de abogados, se nombrará cualquier vecino del lugar, sin admitir á estos ni á los abogados, en su caso, excusa que no justificaren sin demora.(1) Ley de 5 de Enero de 1857, art. 63.

78

Por cada dia de demora no justificada en devolver la causa, se impondrá á la parte actora ó al procurador que firmó el conocimiento por el réo, una multa que no baje de dos pesos, ni exceda de cinco, aplicables al fondo de cárceles. Ley de 5 de Enero de 1857, art. 58.

CAPITULO IV.

De las notificaciones.

79

Todas las notificaciones y diligencias que hayan de hacerse á las partes fuera del oficio, se practicarán en las casas que hubieren designado al principio del juicio, y no se bus-

(1) Véase la nota I.

carán en otras, a no ser que las mismas partes con anterioridad á la notificación, las hubieren designado. Ley de 15 de Enero de 1863, art. 44.

80

Las notificaciones se harán personalmente, y no encontrándose á la parte en la primera busca, por medio de instructivo, que se dejará en la casa asentándose en los autos el nombre de la persona que lo reciba. Ley de 15 de Enero de 1863, art. 45.

81

Al notificarse las sentencias de pena capital (*que causen ejecutoria,*) se prevendrá á los interesados que, si tienen ánimo de usar del recurso de indulto, lo hagan dentro de tercero dia. Pasado este término sin verificarlo, el reo se pondrá en capilla, y se procederá á la ejecución de la sentencia. Ley citada, art. 202.

CAPITULO V.

De los términos judiciales.

82

El término para apelar de sentencia interlocutoria, que traiga gravamen irreparable en la definitiva, será el de tres días; y sustanciado el artículo, se determinará conforme á las leyes. Ley citada, art. 70.

83

Los despachos, exhortos ú oficios que se libren para evacuación de citas, prisiones ú otras diligencias, serán ejecutados por los jueces á quienes se cometan, sin pérdida de momento y con preferencia á todo. (1) Decreto de 11 de Septiembre de 1820, art. 7.°.

84

En las segundas y terceras instancias no se concederá nunca nuevo término de prueba, sino sobre hechos que la

(1) Véase la nota E.

exijau, siendo de aquellos que sin malicia se dejaron de proponer en la primera instancia, ó que propuestos no fueron admitidos. Ley citada, art. 16.

85

Los tribunales inferiores de justicia........ proveerán en las peticiones que se les dirija, dentro de tres días de recibidas. Ley de 25 de Diciembre de 1878, art. 4.º

86

Las salas del Superior Tribunal de Justicia despacharán por el turno de su consignación los negocios criminales. Ley citada, art. 5.º

87

Porque á las veces los,........ jueces agravian á las partes en los juicios que dan; mandamos que quando el juez diere sentencia...... aquel que se tuviere por agraviado pueda apelar hasta cinco días, desde el día que fuere dada la sentencia ó recibido el agravio, y viniere á su noticia. Ley 1.ª título 20, libro 11, Novísima Recopilación.

88

Ordenamos y mandamos, que si de las sentencias interlocutorias, y otros autos que según derecho......... se puede suplicar, fuere suplicado, que la parte, que quisiere suplicar sea tenida de suplicar y exprimir los agravios por escrito dentro de tercero dia......... y contra aquel transcurso de tiempo de tres dias no se otorga restitución: y que la parte, que quisiere suplicar de la sentencia definitiva, haya solamente término para suplicar de diez días y no mas. Ley 1.ª, título 31, libro 11, Novísima Recopilación.

CAPÍTULO VI.

Del despacho de los negocios.

89

Los magistrados y jueces no podrán tener comisión ó encargo alguno capaz de distraerlos del cumplimiento de sus obligaciones, ni otra ocupación que la del despacho de los negocios judiciales. Tampoco pueden ser apoderados,....... árbitros, arbitradores, ni ejercer la abogacía sino en causa propia. Asistirán con puntualidad á su despacho, y el presidente del Tribunal y cada una de sus salas cuidarán bajo su más estrecha responsabilidad del órden y regularidad, y de que aquel (*el despacho*) dure todo el tiempo necesario, así como de que se anote en el acta diaria la hora en que comience la sesión y el motivo de la demora si la hubiere. Ley de 15 de Enero de 1863, art. 175.

90

El Tribunal Superior no podrá de ninguna manera, fuera de las facultades legítimas en los casos que debe conocer, avocarse causas pendientes ante los jueces inferiores de primera instancia, ni entrometerse en el fondo de ellas cuando promuevan su curso ó se informen de su estado, ni pedírselas aun *ad efectum videndi*, ni retener su conocimiento en dicha instancia, cuando haya apelación de auto interlocutorio, ni embarazar de otro modo á dichos jueces el ejercicio de la jurisdicción que les compete en la instancia expresada. Ley de 15 de Enero de 1863, art. 176.

91

Los jueces y Tribunal no admitirán recursos frívolos ó improcedentes, los desecharán de plano, sin necesidad de mandar hacerlos saber á la contraria, ni dar traslado, ni formar artículo. Ley citada, art. 177.

92

A ninguna parte se podrá negar por ningún magistrado ó juez, testimonio á su costa de cualquiera causa ó pleito, despues de concluido, exceptuándose aquellas causas que por su naturaleza exijan secreto ó reserva. Ley citada, artículo 185.

93

Cuidarán los magistrados y jueces que los abogados, defensores ó apoderados, les guarden el debido respeto y se arreglen á las leyes en el ejercicio de sus funciones. Cualquiera falta que sobre el particular cometan, será castigada con una multa de diez á veinticinco pesos, ó suspensión por uno ó cuatro meses. Ley citada, art. 186.

94

Los jueces y magistrados corregirán de plano con reprensión, apercibimiento, multas hasta de veinticinco pesos, suspensión temporal hasta por tres meses del oficio y sueldos á cualquiera de sus subalternos, si voluntariamente falta á sus deberes ó al respeto debido, sin perjuicio de oirles después en justicia, si reclamasen la providencia. Ley de 15 de Enero de 1863, art. 187.

95

Los magistrados y jueces guardarán á los abogados y defensores de las partes la justa libertad que deben tener para sostener los derechos de sus clientes; no se les desconcertará ni interrumpirá cuando hablen en estrados, sino en el caso de faltar al respeto y decoro debidos al tribunal y al público. Ley de 23 de Mayo de 1837, art. 143.

96

En las causas de cómplices, en que convenga hacer un pronto y saludable escarmiento, deberán los jueces proseguirlas y determinarlas rápidamente con respecto al reo ó reos principales que se hallen convencidos, sin perjuicio de continuar las actuaciones en juicio separado, para la averiguación y castigo de los demás culpados. Ley de 15 de Enero de 1863, art. 191.

97.

Los jueces no usarán nunca del tormento, ni de los apremios, ni mortificarán á los reos con hierros, ataduras y prisiones que no sean necesarias para su seguridad; ni los tendrán en incomunicación, sino cuando lo exija la naturaleza de las averiguaciones y por sólo aquel tiempo que sea realmente necesario. En caso de resistencia, ó para prevenir la fuga, podrá usarse de la fuerza. Ley citada, art. 193.

98

Los jueces de lo criminal despacharán de preferencia las causas que por su gravedad, ó por otras circunstancias particulares se hayan hecho más escandalosas, ó llamado más la atención del público. Ley de 15 de Enero citada, art. 194.

99

El Tribunal Superior cuidará de que los jueces de primera instancia le remitan cada seis meses listas circunstanciadas de las causas criminales.......que en ese período hubieren concluido, y de las que tengan pendientes, con expresión de las fechas en que estas comenzaron y del estado que guardan. Ley citada, art. 198.

100

El Tribunal superior informará en los recursos de indulto la edad del reo, su profesión, conducta anterior, estado y modo de vivir, tiempo que lleve de prisión; si es padre de familia, los individuos de que ésta se componga y la asistencia que de aquel reciba; y si es soltero, si mantuviere á sus padres, hermanos ó parientes. A este informe se acompañará testimonio de las sentencias que se hubieren pronunciado en la causa. (1) Ley citada, art. 201.

101

Los jueces de primera instancia terminarán los juicios verbales criminales dentro de seis meses ó antes, de iniciados, y los comunes ú ordinarios, dentro de un año ó antes, despues de dictado el auto de formal prisión. Solo se descontará del tiempo predicho el que estuviere fugo el reo ó cómplices, y el que permanezca [el proceso] en el estudio del asesor. Ley de 25 de Diciembre de 1878, art. 2 $^{\circ}$

102

La infracción del artículo anterior será castigada, por primera vez, con suspensión de empleo por tres meses, doble por la segunda y destitución por la tercera. Ley citada art. 3 $^{\circ}$

(1) El Congreso tiene facultad para conceder el indulto.—Constitución del Estado, art. 43, fracción 2ᵃ

103

Otrosi mandamos, que ningún pleito criminal non pueda durar más de dos años. Ley 7.ª, título 29, Partida 7.ª

104

Cuando los reos interpongan apelación de alguna providencia interlocutoria, ú otro recurso con que deba darse cuenta al tribunal de segunda instancia, no se suspenderá la secuela de la causa; y al efecto, si no se pudieren por lo mismo remitir originales las actuaciones pertenecientes al recurso interpuesto, se mandará sacar el testimonio correspondiente para dar cuenta. Ley de 23 de Mayo de 1837, art. 132.

105

Podrá catearse toda casa......en persecución de......delito ó del delincuente, siempre que por prévia sumaria ú otra prueba conste la verdad del hecho y de la ocultación del mismo, ó de la persona que lo cometió en la casa que haya de catearse. Decreto número 59, de Octubre 30 de 1822.

106

Por ningún caso se arreste á ministro alguno que tenga á su cargo intereses de...... hacienda pública que deba dar cuenta, sin tomar antes la justa y debida precaución de hacer con su asistencia inventario formal de los caudales que á la sazón que se le hubiere de arrestar tuviese en su poder pertenecientes á la......(dicha) hacienda y suyos propios, pues ántes de todo y sin tomarle las llaves, se ha de evacuar esta diligencia, con asistencia también del oficial......si lo hubiera mancomunado en responsabilidad con el que haya de ser arrestado: que esto mismo se ejecute con los demas efectos existentes, papeles de crédito activos ó pasivos que conduzcan á la justificación de sus cuentas; y si el débito no fuese de tal gravedad que absolutamente convenga la brevedad de trasladar á la prisión la persona del reo, se tomen todas las precauciones convenientes á su seguridad, y tomadas, se le haga dar cuentas ó nombrar persona que las dé á su nombre, si no es que tenga compañero mancomunado, por que en tal caso ese la debe formar y dar á nombre de ambos, bien que sin quitar á el arrestado la facultad de nombrar apoderado para ello, sean ó no fiadores que tuviese dados á la....... hacienda *(pública)*: que el arrestado firme el inventario para su resguardo, y todo se deposite en persona de seguridad con responsabilidad á el juez que ordenase la prisión, como no sea en donde no hubiese cajas ó tesorería, pues en tal caso, deben quedar á trasladarse á ellas. (1) Real Orden de 11 de Octubre de 1784.

107

En el mismo acto de prender á los que estén empleados en Rentas, se dé cuenta á sus jefes. Real Orden de 28 de Mayo de 1791.

TITULO III.

DE LAS COMPETENCIAS.

CAPITULO I.

Disposiciones generales.

108

Quando el demandador quisiesse fazer su demanda, que la faga ante aquel juez, que ha poder de judgar al demandado: ca ante otro judgador, no seria tenudo de responder. Ley 32 título 2, Partida 3 ª

109

Por todo yerro, ó mal fecho, que algun ome faga, deue ser apremiado por el Judgador del lugar, do lo fizo que cumpla de derecho a los que lo acusan dello, maguer sea el malfechor de otra tierra. E si por auentura, el que ouiesse fecho el yerro en vn lugar, fuesse después fallado en otro, e lo acusassen y delante del Judgador do lo fallassen, si el respondiesse ante él á la acusacion, non poniendo ante si alguna defensión, si la auia, dende en adelante, tenudo es de seguir

(1) Véase la nota F.

el pleyto ante el, fasta que sea acabado; maguer el fuesse de otro lugar, e se pudiera escusar con derecho, de responder ante el, ante que respondiesse á la acusación. Otrosi dezimos que puede ser acusado el malhechor delante del Judgador del lugar, do fiziere el su morada, o delante de aquel do ouiesse la mayor parte de sus bienes, maguer el acusado ouiesse fecho el yerro en otra parte. E si aquel que fizo el yerro fuesse ome que anduuiesse fuyendo de vn lugar a otro, de manera, que non lo pudiessen fallar do fizo el mal fecho, niu do ha la mayor morada; entonce este, en qualquier lugar do lo fallaren, lo pueden acusar, e es tenudo de responder á la acusación; e puedenle dar pena segund mandan las leyes, si le fuere prouado el yerro, o lo conociere el mesmo. Ley 15, título 1.° Partida 7.ª

110

Abierta competencia, no se interrumpirá el curso de la causa, en que seguirán conociendo de consuno los jueces que compitan, si residen en una misma ciudad ó pueblo, firmando primero las actuaciones el que comenzó á conocer; y siendo el uno de un lugar y de otro el otro, seguirá á nombre de la ley el que tenga en su poder al reo, ó al mayor número de ellos, remitiendo aquel á éste sus actuaciones. La competencia se instruirá en cuaderno separado, y con él solo se consultará á quien corresponda decidirla y decidida, concluirá la causa el juez en cuyo favor sea la decisión. Ley de 28 de Agosto de 1823, art. 7.° (1)

111

Corresponde á los Tribunales de la Federación conocer:
De todas las controversias que se susciten sobre el cumplimiento y aplicación de las leyes federales, excepto en el caso de que la aplicación solo afecte intereses de particulares, pues entónces son competentes para conocer, los jueces y tribunales locales del órden común de los Estados, del Distrito Federal y territorio de la Baja California. Constitución Federal, art. 97. Fracción 1.ª, reformada por la ley de 29 de Mayo de 1884.

(1) Vid. nota K.

112

Los delitos del orden común que se cometiesen en lagos, canales y rios interiores, así como el conocimiento de las controversias que se suscitaren entre particulares, con motivo de la aplicación de los reglamentos que expide la Secretaría de Fomento, corresponden á la jurisdicción local que fuere competente. Suprema ley de 28 de Màyo de 1888, art. 3 º

CAPÍTULO II.

Competencia de jueces rurales, alcaldes, jueces departamentales, Tribunal y Congreso.

113

Corresponde á los alcaldes rurales en su jurisdicción:

I. Obedecer las órdenes que se les dirija por los jueces de primera instancia.

II. Instruir las primeras diligencias en los asuntos criminales en los casos urgentes en que no haya tiempo de ocurrir á los jueces de primera instancia, dando cuenta con ellas y los reos inmediatamente.

III Conocer en las demandas.........por injurias leves y faltas de igual naturaleza que se castiguen con dos ó cuatro días de arresto, ó con cuatro reales á dos pesos de multa, la que ingresará al fondo municipal respectivo. Ley de 13 de Noviembre 1871, art. 1 º.

114

Los alcaldes rurales estarán inmediatamente sujetos á los jueces de primera instancia de los departamentos. Ley de 13 Noviembre de 1871, art. 6 º.

115

Corresponde á los alcaldes (ó jueces menores) en su jurisdiccion:

I. Conocer en los juicios de conciliación:

II. Instruir en los casos urgentes las primeras diligencias que se les encomienden por el superior Tribunal de Justicia ó jueces de primera instancia en los lugares donde no residan, ó por impedimento legal. Ley de 15 de Enero de 1863, art. 1º.

III. Conocer en los juicios verbales.........sobre injurias leves y faltas de igual naturaleza que no merezcan más pena que una corrección ligera, la que no pasará de quince días de prisión.........(*arresto*) ó diez pesos de multa. Ley citada, art. 2º

116

Son atribuciones de los jueces de primera instancia:
I. Conocer.........en todas las causas criminales en su departamento. Ley de 15 de Enero de 1863, art. 31.
II. De las causas sobre delitos comunes que ocurran contra los alcaldes de su territorio. Ley de 23 de Mayo de 1837, art. 94.
III. En las causas de responsabilidad de los alcaldes. Ley de 15 de Enero de 1863, art. 31.
IV. En las causas de responsabilidad de los alcaldes rurales. Ley de 13 de Diciembre de 1873, art. 6º

117

Son obligaciones de los jueces de primera instancia: remitir las listas de las causas.........al superior Tribunal de Justicia: dar cuenta al mismo con las que se inicien, especificando el nombre del reo, el delito y el dia de su prisión; y asistir á las visitas generales y á las particulares cuando el Tribunal superior de Justicia lo determine. Ley de 15 de Enero de 1863. art. 34.

118

Las faltas de los jueces de primera instancia, ya sean por impedimento ó recusación, serán suplidas por los alcaldes según su nombramiento. Ley de 15 de Enero de 1863, art. 36.

119

Corresponde al Tribunal de Justicia:
I. Conocer como jurado de sentencia, de las causas criminales de oficio, de los funcionarios públicos de que habla el artículo 107 (1), Constitución Política del Estado.

(1) Número 121.

II. Conocer en grado de apelación y súplica de todos los asuntos.........criminales en que por la ley no cause ejecutoria la sentencia de primera instancia.

III. Conocer de los recursos de.........denegada apelación ó súplica que se interpongan conforme á la ley.

VI. Cuidar de que en los juzgados subalternos y despacho de los asesores.........no se demore la administración de justicia, pudiendo castigar correccionalmente las faltas de estos empleados, con multas de veinticinco hasta cien pesos, de plano y sin figura de juicio.

XIV. Cuando de alguna actuación aparezca que en los tribunales inferiores, ó por los asesores se han cometido prevaricatos, abusos ó faltas graves que merezcan mayor pena que la designada en la atribución VI de este artículo, el Tribunal, de oficio, aunque no haya pedimento de parte procederá á exigir la responsabilidad á los culpables en el modo y término que la ley designe. Constitución Política del Estado, a t. 73.

120

Siempre que se trate de alguno de los funcionarios de primer orden.........(*que denomina el artículo* 105 *de la Constitución Política del Estado*), si el delito fuere común, el Congreso, erigido en gran jurado, declarará si hay ó no lugar á proceder contra el acusado. En caso negativo, no habrá lugar á ningún procedimiento ulterior; más en el afirmativo, el acusado queda por el mismo hecho separado de su encargo, y sujeto á los tribunales comunes. Constitución Política del Estado, art. 106.

121

De los delitos oficiales cometidos por los mismos funcionarios de primer órden, conocerá el Congreso como jurado de acusación, y el Tribunal de justicia como jurado de sentencia. El jurado de acusación tendrá por objeto declarar á mayoría absoluta de votos, si el acusado es ó no culpable. Si la declaración fuere absolutoria, el funcionario continuará en el ejercicio de su encargo; pero si fuere condenatoria, quedará inmediatamente separado de su empleo, y será puesto á disposición del Tribunal de Justicia. Éste en tribunal pleno, y erigido en jurado de sentencia, con la audiencia

6

del reo y del acusador, si lo hubiere, procederá á aplicar, á mayoría absoluta de votos, la pena que la ley señala. Constitución Política del Estado, art. 107.

122

De los delitos comunes y oficiales que cometan todos los funcionarios públicos inferiores, no denominados especialmente en el artículo 105 *(Constitución Política del Estado)*, conocerán los tribunales comunes en los términos que fijará la ley. Constitución Política del Estado, art. 108.

123

El Congreso, en el primer período de sus sesiones ordinarias, nombrará doce personas, ó más si la ley estimase necesario aumentar este número, que tengan las cualidades que se requieren para ser magistrado, y entre ellos se sorteará en cada caso el número de jueces que la ley designe para juzgar, erigidos en jurado de sentencia, á los ministros del Tribunal de Justicia, en el caso de ser acusados todos ó su mayor parte. El sorteo se hará en presencia del acusador y de los acusados, pudiéndose recusar por una y otra parte el número de individuos que la ley designa. Constitución Política del Estado, art. 109.

CAPÍTULO III.

Del tiempo en que no se admiten alegaciones sobre competencia.

124

No se admitirá declinatoria de jurisdicción, cualesquiera que sean sus fundamentos, mientras se instruyen las primeras diligencias del proceso. Ley de 5 de Enero de 1857, artículo 74.

125

Ningún juez podrá suscitar competencia para no proceder ó no conocer de la causa, mientras esta se hallare en sumario. Ley citada, art. 75.

CAPITULO IV.

Del tribunal de competencia.

126

Corresponde al Tribunal de Justicia:..............
V. Dirimir las competencias que se susciten entre los diversos tribunales inferiores del Estado. Constitución del Estado, art. 73.

127

La sala primera conocerá:.............
II. En las competencias que se suscitaren entre los jueces de primera instancia y entre estos y los alcaldes. Ley de 15 de Enero de 1863, art. 132.

CAPITULO V.

De la sustanciación de las competencias.

128

El juez ó juzgado que solicite la inhibición de otro, pasará oficio á éste manifestando las razones en que se funde, y anunciando la competencia: si no cede, contestará el intimado dando las suyas, y aceptándola en su caso: si el primero no se satisface, lo dirá al segundo; y ambos remitirán por el primer correo, á la autoridad superior competente, los autos que cada uno haya formado *(esto es los cuadernos en que se haya initruido la competencia, seyún el art. 7.º, ley de 28 de Agosto de 1823.)* Decreto de 19 de Abril de 1813, art. 11.

129

Cada juez, al remitir los autos, expondrá al tribunal las razones en que se funde, y éste decidirá la competencia en el preciso término de ocho días. Decreto citado, art. 13.

TITULO IV.

DE LOS IMPEDIMENTOS, DE LAS EXCUSAS Y DE LAS RECUSACIONES.

CAPÍTULO I.

De los impedimentos.

130

Los jueces y magistrados se tendrán por forzosamente impedidos, aunque no se interponga recusación, en los casos de los artículos 155 y 156, partes V del 157 y III, IV, VI, VII, VIII, IX, XI y XVI del artículo 158 (*de la ley de 15 de Enero de 1863.*) (1) Ley de 23 de Enero de 1863, art. 161.

131

Para el efecto de revisar las causas criminales en segunda ó tercera instancia, no será impedimento que el magistrado que deba hacer la revisión sea compadre, padrino ó ahijado de bautismo ó confirmación del juez ó asesor que haya conocido en la primera. Ley de 13 de Octubre de 1884, art. 2°

CAPÍTULO II.

De las excusas y recusaciones.

132

Entre tanto se expide el Código de Procedimientos Penales, en los casos de excusas y recusaciones de los magistrados, jueces y asesores, que..........se funden en parentezco, se observará la computación civil. Ley de 13 de Octubre de 1884, art. 1°

133

Ningún magistrado, asesor ó juez puede excusarse sino con justa causa. Ley de 15 de Enero de 1863, art. 153.

---

(1) Números 142, 143, 144, fracción V. y 245, reglas III, IV, VI, VII, VIII, IX, XI y XVI.

134

Ningún juez puede excusarse ni ser recusado en el sumario de las causas........., y en caso de estar impedido por la
ley, para conocer, se acompañará de otro juez de 1.ª instancia, ó de uno de los alcaldes del mismo lugar. Ley citada,
art. 165. (1)

135

En estado de sumaria no habrá lugar á recusación alguna
contra el juez que la estuviere formando; pero inmediatamente que se abriere el plenario, deberán admitirse él reo
las reclamaciones que tuviere por conveniente formular contra lo actuado en el proceso. Ley de 5 de Enero de 1857,
art. 79.

136

Los jueces son excusables y recusables en el sumario de
las causas criminales y en los juicios verbales del mismo ramo, cuando se interesan en ellos sus parientes por consanguinidad ó afinidad hasta el cuarto grado civil. Fuera de este caso se observará lo dispuesto en las leyes vigentes. Ley
de 22 de Julio de 1877. art. 10.

137

En el juicio plenario podrá recusarse al juez en los términos comunes. Ley de 5 de Enero de 1857, art. 80.

138

Las partes pueden recusar por una sola vez, con la protesta de no proceder de malicia, á un magistrado, asesor ó juez
(2) La segunda recusación no podrá verificarse sino con expresión de causa, la que se probará ante el juez ó magistrado que corresponda. Ley de 15 de Enero de 1863, art. 162.

(1) Véase los números 135 y 136.
(2) V. números 134 á 137.

139

Hecha la recusación por alguno de los reos y habiendo surtido su efecto, ya no podrá recusar el mismo ni alguno de sus correos, á otro juez, sino con expresión y justificación de causa legítima. Ley de 5 de Enero de 1857, art. 81.

140

Si la recusación se hiciere en segunda ó tercera instancia, el ministro recusado se suplirá como en todos los negocios; y si se hiciese con causa, su calificación se hará precisamente dentro del segundo día. Ley citada, art. 82.

141

Son justas causas de recusación las contenidas en los artículos siguientes. Ley de 15 de Enero de 1863, art. 154.

142

Podrá ser recusado todo magistrado ó juez, para que no entienda en causa propia ó en las de sus parientes por consanguinidad en línea recta, en cualquier grado. Ley citada, art. 155.

143

Podrá serlo asímismo el juez ó magistrado que sea pariente de alguno de los litigantes, en las demás líneas por consanguinidad ó afinidad hasta el cuarto grado. Ley citada, art. 156.

144

También es recusable todo juez ó magistrado.

I. Si él, ó su mujer ó sus parientes por consanguinidad ó afinidad en línea recta, siguieren algún pleito ó causa igual á la que ante él agitaren los litigantes.

II. Si quiere algún proceso en que sea juez alguno de los litigantes.

III. Si él mismo, ó su mujer ó sus parientes por consanguinidad ó afinidad en línea recta hubieren seguido alguna causa criminal con alguna de las partes.

IV. Si entre las mismas partes del número anterior se siguiere un proceso civil, ó habiéndose seguido, no haya pasado un año de haberso fenecido.

V. Si la causa tuviere alguna tendencia al daño ó provecho del juez, por estar obligado á evicción ó por cualquiera otro motivo. Ley citada, art. 157.

145

Es así mismo recusable:

I. El que sea acreedor, deudor ó fiador de alguna de las partes, ó cuya mujer ó hijos menores se hallen en igual caso.

II. El que sea heredero, legatario ó donatario de alguna de las partes.

III. El compadre, padrino ó ahijado de bautismo ó confirmación de alguna de las partes.

IV. El amo. criado, socio ó dependiente de alguna de las partes.

V. El comensal, arrendador ó arrendatario de alguna de las partes.

VI. El tutor, curador, administrador ó defensor judicial de las mismas.

VII. El administrador de algún establecimiento ó compañía que sea parte en el proceso.

VIII. El que hubiere dado dictámen, hubiere sido abogado, procurador ó apoderado en el negocio.

IX. El que hubiere gestionado en el proceso, lo recomendase ó contribuyese á los gastos que ocasione.

X. El que haya conocido en el negocio en otra instancia.

XI. El que hubiere actuado en el proceso como árbitro, perito ó testigo.

XII. El que descubriere su parecer antes de dar su fallo.

XIII. El que asistiere á convites que diere ó costeare alguno de los litigantes despues de comonzado el proceso, ó tuviere mucha familiaridad con alguno de los mismos litigantes, ó viviere con él en su compañía en una misma casa.

XIV. El que recibiere presentes de alguna de las partes ó aceptare de ellas dádivas ó servicios.

XV. El que hiciere promesas, prorrumpiere en amenazas ó manifestare de otro modo su odio ó afección á alguno de los litigantes.

XVI El que sea pariente por consaguinidad ó afinidad en

primer grado.......del abogado ó procurador de alguna de'las partes. Ley de 15 de Enero de 1863, art. 158.

146

Los tribunales y jueces podrán admitir como legítima toda recusación que se funde en causas análogas y de igual ó mayor entidad que las referidas en los artículos anteriores. Ley citada, art. 159.

147

Las partes alegarán las causas en la forma debida, sin poder excitar á los magistrados y jueces á que se excusen, bajo la multa de veinticinco pesos, que se les exigirá de plano ó irremisiblemente. Ley citada, art. 160.

CAPÍTULO III.

De la calificación de las recusaciones.

148

La segunda recusacion *(en los juicios verbales ante los jueces menores ó rurales)*.......se calificará por uno de los jueces, según el orden de su nombramiento, sujetándose á lo prevenido en los artícules 155, 156, 157 y 158 *(números 142, 143, 144 y 145 de esta recopilación)* de esta ley (15 de Enero de 1863). Si no se probare la recusación, el juez calificador impondrá una pena al recusante de diez á veinticinco pesos de multa. Para la prueba á que se contrae este artículo, el juez señalará el término más corto posible, que no pase de tres dias. Ley citada, art. 19.

149

Probada la recusación, se abstendrá *(el recusado)* del conocimiento del asunto, y lo pasará al alcalde por el orden de su nombramiento. Ley citada, art. 20.

150

La recusación de un magistrado será calificada por otro, magistrado, según lo prevenido en los artículos 129 y 132 *[ley de 15 de Enero de 1863]*. (1) La de los jueces de primera instancia, por otro juez de primera instancia si en el lugar existiesen dos, y en su defecto, por el alcalde primero del mismo lugar, y en caso de hallarse impedido, por el que le siga, según el orden de su nombramiento, y la de los alcaldes *[y jueces rurales]* por otro alcalde, en el orden que queda prevenido. Ley de 15 de Enero de 1863, art. 163.

151

Para la prueba *[en la recusación de magistrados, jueces de primera instancia y asesores]* se señalará un término que no pase de cinco días. Concluidos estos, se verá el negocio al siguiente, y alegando verbalmente las partes, si concurrieren, se decidirá en la misma audiencia. Ley de 15 de Enero de 1863, art, 162.

152

Si el recusante no probare la recusación, el juez calificador le impondrá una pena de cinco á veinticinco pesos de multa, dando aviso al juez recusado para que continúe en el conocimiento del negocio. Ley de 15 de Enero de 1863, art. 164.

153

Las recusaciones y excusas de los asesores......su conocimiento corresponde, sin ulterior recurso, á los jueces de primera instancia, con consulta de letrado si fueren legos. Ley de 31 de Octubre de 1864, art. 1.º

TITULO V.

DE LA SUMARIA INFORMACION.

CAPÍTULO I.

Reglas generales.—De la comprobación del cuerpo del delito. (1) Indagación respecto del delincuente.

154

Cuando se cometa algún delito, ó el juez tenga noticia de que se está perpetrando, ocurrirá al lugar, asegurará al he-

(1) Números 257 (fracción V.) y 261.
(2) La base del procedimiento criminal es la comprobación de la existencia de un hecho ó la de una omisión que la ley reputa delito: sin ella no puede haber procedimiento ulterior. Código de Procedimientos Penales del Distrito Federal, art. 121.

chor, si lo hallase, y en caso de no encontrarlo, practicará las diligencias precisas para conseguirlo, tomará inmediatamente declaración al agraviado y á todos los que tengan noticia del hecho, recogerá el instrumento con que se dañó y lo dibujará en la causa.......dictando en seguida las providencias necesarias. Ley de 15 de Enero de 1863, art, 124.

155

Tan luego como los jueces menores.......ó auxiliares [*rurales*].......tuvieren noticia de que se ha cometido, comete ó intenta cometer un delito, se trasladarán al lugar donde tal cosa ocurra, calmarán el desorden que noten, harán que los presuntos reos se aprehendan, y podrán detener á los que hayan presenciado el hecho por solo el tiempo necesario para que produzcan sus declaraciones, evitándoles todo perjuicio que no sea absolutamente indispensable. Harán llamar inmediatamente, si no llevaren ya consigo, los peritos que el caso requiera (1) para que practiquen desde luego la conveniente inspección y manifiesten su juicio acerca de los puntos sobre que se les pidiere. El funcionario público encargado de estos actos, podrá compeler con multas que no bajen de cinco pesos, ni excedan de veinticinco, á los testigos y peritos que se negaren á verificar los actos que quedan mencionados, sin perjuicio de ser tratados *como encubridores* (2) por el juez de primera instancia, en el caso de calificarse dolosa su negativa. Ley de 5 de Enero de 1857, art. 55, Regla II.

156

Determinará que se presten los primeros socorros á los heridos, si los hubiere, y les tomará su declaración en el momento que puedan rendirla á juicio de los facultativos; limitándose, entre tanto á preguntarles quién los hirió, quienes estaban presentes y la causa del suceso. Ley y artículo citados, Regla III.

(1) Véase el cap. IV de este título y los números 200 y 201.
(2) La pena será, por desobediencia, la señalada en el Código Penal articulo 904 ó 905 respectivamente.

157

Recogerá los efectos ó instrumentos que hubiere concernientes al delito, examinará las señales que haya dejado, y levantará inmediatamente una acta en que haga constar cuanto hubiere visto; presenciado y prevenido. Ley y artículo citados, Regla IV.

158

No es necesario que actúe con escribano, bastando que se acompañe con dos testigos de asistencia. Ley y artículo citados, Regla V.

159

Examinará inmediatamente á los ofendidos, á los testigos y peritos, mostrándoles los efectos ó instrumentos del delito para que los reconozcan. Ley y artículo citados, Regla VI.

CAPÍTULO II.

De la declaración indagatoria ó preparatoria y del nombramiento de defensor.--Detencion del indiciado ó sindicado.

160

Habiendo un dato cualquiera de que se ha cometido un delito, y de que alguna persona tiene participación en el hecho como autor, cómplice ó encubridor, se le mandará poner detenida ó incomunicada por orden escrita. (1) Ley y art. citados, Regla I.

161

Dentro de veinticuatro horas después de aprehendido el presunto reo, se le tomará su declaración: en caso contrario, se asentará en el proceso la razón que haya impedido verificarlo, y en todo evento, en el término de tres días se remitirán al juez de primera instancia las actuaciones practicadas y los reos aprehendidos. Ley de 5 de Enero de 1857, art. 55, Regla VII.

(1) Vid. nota I.

162

Al reo se le tomará su declaración sin la protesta *(promesa)* de ley, y solo se le amonestará por el juez á que no falte á la verdad. Ley de 15 de Enero de 1863, art. 125.

163

......siempre que se tratare de personas cuya criminalidad sea dudosa, se les pedirá......*juramento (1) (promesa de decir verdad)* respecto de los *[hechos]* agenos. Ley de 5 de Enero de 1857, art. 55, Regla IX.

164

Recibida la declaración preparatoria, podrá desde luego nombrarse defensor para que gestione por el acusado cuanto convenga á su derecho. El defensor tiene el de concurrir con el reo para la práctica de todas aquellas diligencias que por su naturaleza no exijan reserva. Ley y artículo citados, Regla X.

CAPÍTULO III.

Disposiciones generales.

165

Todos los testigos que hayan de declarar serán examinados precisamente por el juez: y si existiesen en otro pueblo lo serán por el juez ó alcalde de su residencia. Ley de 23 de Mayo de 1837, art. 122 y Decreto de 9 de Octubre de 1812, art. 17.

166

No se evacuará cita alguna que no tenga relación con el delito, ó que se califique inútil ó impertinente, para la averiguación de la verdad. Ley de 23 de Mayo de 1837, art. 127.

(1) La simple promesa de decir verdad y de cumplir las obligaciones que se contraen, sustituirá el juramento religioso con sus efectos y penas. Suprema Ley de 25 de Septiembre de 1873, art. 4.º

167

Siempre que los reos propongan en sus declaraciones preparatorias ó confesiones semejante excepción *[ebriedad]*, diciendo que no se acuerdan de los hechos sobre que son preguntados por haber estado ebrios......ó aunque contesten sobre los mismos hechos, se intentan disculpar ó de cualquier otro modo excepcionar con la ebriedad, les pregunten de oficio: la hora en que bebieron, la cantidad y calidad de la bebida, el paraje y persona que se la haya dado ó vendido y delante de qué personas se haya hecho cada cosa: las cuales citas procurarán evacuar con el conveniente método y claridad procurando que unos testigos no sepan lo que deponen otros ......debiendo proceder con iguales precauciones en el exámen de testigos que depusiesen de ebriedad á solicitud de los reos. Auto acordado de 20 de Enero de 1803.

168

Cuando algún reo se hallare prófugo, no se le citará por edictos y pregones; y solo se librarán requisitorias para su aprehensión, y se dictarán las medidas oportunas para lograrla, suspendiéndose entre tanto, y despues de averiguado el delito y todas sus circunstancias, la secuela de la causa para continuarla luego que aquella se verifique. (1) **Ley de 23 de Mayo de 1837, art. 129.**

169

Toda persona cualquiera que sea su clase, debe dar su testimonio, no por certificación ó informe, sino por declaración bajo *juramento* en forma (*promesa de decir verdad*). (2) Decreto de 11 de Septiembre de 1820, art. 3.°

170

Puede ser fecha demanda de robo ante el judgador del lugar do fué fecho, ó en otro lugar qualquier que fallessen el robador la cosa robada. Ley 2.ª, título 13, partida 7.ª

(1) Véase la nota G.
(2) Véase la nota H.

171.

Enfamado ó acusado seyendo algún ome, de yerro que ouuiesse. fecho.......puédelo luego mandar recabdar el juez ordinario ante quien fuesse fecho el acusamiento. E si por auentura se fuese el malfechor de aquel lugar, después que fuese acusado, aquel mesmo judgador ante quien lo acusaron, deue embiar su carta al judgador del lugar do le fallaren, que le recabden, e lo embien antel, para fazer derecho del yerro de que fuesse acusado: e el judgador del lugar do quiera que fuesse fallado el malfechor después que la carta recibiere, deuelo fazer assi, maguer non quiera. Ley 1 º , título 26, partida 7 ª.

172

Muger alguna seyendo recabdada por algún yerro que ouiesse fecho.......non la deuen meter en carcel con los varones; antes dezimos que la deuen llevar.......e ponerla con otras mugerer buenas, fasta que el judgador faga della lo que las leyes mandan. Ley 5 ª, título 29 partida 7 º.

173

Mandando.......el judgador recabdar algunos omes por yerro que ouiessen fecho, aquel o aquellos que lo ouiesse de fazer, por su mandado, han de ser mesurados en cumplir el mandamiento en buena manera. Ca, si aquel á quien ouieren de recabdar fuesse de buena fama, e de buena nombradía, que haya casa, e muger e fijos e otra compaña en el otro lugar do le prenden, e rogaren, a aquellos que lo recabdan, que le lleuen a su casa, que alguna cosa ha de dezir a su compaña, deuenle llevar a ella primeramente, guardándole de manera que non se pueda fuyir.... e después deuenle traer.......ante el judgador que le mandasse prender. Ley 4 ª, título 20, Partida 7 ª.

174

Procederán con toda prudencia [*los jueces*], no debiendo ser demasiado fáciles en decretar autos de prisión en causas ó delitos que no sean graves.......lo que principalmente deberá entenderse respecto á las mujeres......y también respec-

to á los que ganan la vida con su jornal y trabajo (1) Ley
25, título 38, libro 12, Novísima Recopilación.

175

Cuidarán que los presos sean bien tratados en las cárceles, cuyo objeto es solamente la custodia, y no la aflicción de
los reos; no siendo justo que ningún ciudadano sea castigado antes de que se le pruebe el delito legítimamente. Ley
25, título 38, libro 12, Novísima Recopilación.

176

Los Jueces......siempre tomen y examinen por sí los testigos ante escribano *(Secretario)*, y cada testigo por sí, sin lo
cometer al escribano ni á otro......Y así se guarde, sin la
cautela de tomar los testigos á solas los escribanos, y leer
sus dichos después ante el juez......so pena de nulidad del
proceso. Ley 16, título 32, libro 12, Novísima Recopilación.

177

Recibirán por sí mismos *(los jueces)*......las declaraciones
y confesiones de los reos, sin cometerlas en ningún caso á los
escribanos ni á otra persona alguna. Ley 10, título 32, libro 12, Novísima Recopilación.

178

......mandamos á las nuestras justicias, que cerca de no
tener presas á las mujeres, guarden lo dispuesto por las leyes......y que las que hubiere lugar de estar presas, tengan
la moderación que lugar hubiere, guardando justicia para
que puedan ser dadas sobre fianzas, seyendo honestas. Ley
3, título 38, libro 12, Novísima Recopilación.

(1) Véase la nota Y.

CAPÍTULO IV.

De los peritos médico-legistas.

179

......el despacho de los procesos en que deban intervenir peritos médicos, se hará por dos facultativos. **Ley de 8 de Marzo de 1886, art. 1.º**

180

Sus obligaciones serán:

I. Emitir dictámen dentro de tres días acerca de los casos que se les consulte por los jueces de esta capital, la del Estado, quienes podrán abreviar prudentemente el término; calificando en caso de lesiones, con seguridad ó probabilidad, la clase de estas.

II. Acompañar á los jueces en los casos en que se requiera su intervención, debiendo aquellos llamar á los médicos por turno cuando baste la presencia de uno solo.

III, Despachar los procesos de los juzgados departamentales, dentro de quince días de recibidos por el órgano respectivo.

V. Concurrir á las juntas que solicite el coprofesor........ para ayudarse en las operaciones quirúrgicas que fuere necesario practicar.

VI. Asociarse en los reconocimientos periciales, así como en las autopsias, exhumaciones y en todos aquellos casos en que se necesite la presencia de ambos, á fin de poder dictaminar con pleno conocimiento de los hechos. **Ley citada artículo 2.º**

181

Para el cumplimiento de la obligación á que alude la fracción III del artículo anterior, se continuará adoptando el sistema hasta hoy observado de consignarse en el proceso el reconocimiento y parecer de los prácticos á quienes el juez ocupe con tal objeto (*á falta de médicos titulados*); siendo obligación de éste al tiempo de remitir la causa á estudio de los facultativos, formular las cuestiones que se sometan á decisión, haciendo la cita de las fojas cuyo contenido dé márgen á la consulta, sin perjuicio de que los mismos peritos extiendan su opinión á todo aquello á que deba extenderse, aun cuando estuviere omitido en el cuestionario. Ley citada, artículo 3 º

182

En caso de enfermedad ú otro motivo de impedimento justificado de uno de los facultativos, el otro lo reemplazará....... asociándose de cualquiera otro facultativo.......que será nombrado por el juez, para el despacho de los negocios judiciales. Ley citada, art. 6 º

183

El conocimiento que debe asentarse para la entrega de los procesos departamentales será firmado por ambos facultativos, quienes concurriran á la oficina el día y hora que se les señale en la boleta citatoria en que se expresará el objeto; poniéndose al márgen del asiento la fecha en que los autos fueren entregados y devueltos, y consignándose esto también en el oficio de remisión del expediente, que los juzgados de esta capital dirijan á los departamentales. Ley citada, artículo 4 º

184

En las poblaciones del Estado en que no haya más que un médico, este hará los reconocimientos que sean necesarios en las causas criminales, y daré las certificaciones correspondientes. Ley transitoria, Código Penal, 13 de Diciembre de 1872, art. 2 º

185

Donde no haya médico titulado, los reconocimientos y calificaciones se harán por el práctico del lugar; pero el juez de la causa cuidará de que la descripción que aquel haga de las lesiones y del estado en que se encuentre el paciente, exprese todas cuantas circunstancia puedan servir para ilustrar á los médicos que haya de dictaminar en el proceso. Ley citada, art. 3 º

CAPÍTULO V.

De los testigos. (1)

186

No podrán declarar sin consentimiento de los interesados las personas á que se refiere el artículo 768 del Código Penal.

Tampoco se obligará á declarar contra el inculpado á su tutor, curador, pupilo ó cónyuge, ni á sus parientes por consanguinidad ó afinidad, en la línea recta ascendente ó descendente sin limitación de grados y en la colateral hasta el segundo inclusive, pero si estas personas quisieren declarar expontáneamente, y después de que el juez les advirtiera que pueden abstenerse de hacerlo, se les recibirá su declaración haciendo constar esta circustancia. Código de Procedimientos del Distrito Federal art. 198.

187

No serán admitidos como testigos las personas de uno ú otro sexo que no hayan cumplido catorce años, ni las que hayan sido condenadas en juicio criminal, por el delito que no sea político, á cualquiera de las penas siguientes: muerte, prisión extraordinaria, suspensión de algún derecho civil ó de familia, suspensión, destitución, ó inhabilitación para algún cargo, empleo ú honor, ó en general, para toda clase de empleos, cargos ú honores; y sujeción á la vigilancia de la autoridad política.

Sin embargo, cuando las circunstancias de la causa lo exigiesen, por haber sido cometido el delito en una cárcel, ó sin más testigos que los mismos condenados á algunas de las penas referidas, podrán ser admitidos como tales testigos. En los demás casos, los comprendidos en el párrafo primero de éste artículo serán examinados:

I. Si ninguna de las partes se opusiere.

(1) Este artículo y el siguiente se consideran en vigor, en virtud de la ley del Estado fecha 14 de Mayo de 1884, que mande se observe lo prevenido en el capítulo III, título II, libro II del Código de Procedimientos Penales del Distrito Federal de 15 de Septiembre de 1883 y disposiciones que cita.

II. Si aunque haya oposición, el juez cree necesaria su declaración para el esclarecimiento de los hechos; pero en tal caso se hará constar esta circunstancia. Código citado, art. 199.

188

Toda persona......está obligada á comparecer como testigo ante la autoridad que la cite, sin necesidad de licencia de sus jefes ó superiores. Ley de 5 de Enero de 1857, art. 55, Regla VIII. (1)

189

......á las mujeres honradas y personas impedidas por enfermedad, se recibirá declaración en su casa. Ley de 15 de Enero de 1863, art. 188. ,

190

......todo ome que fuere llamado que venga á testiguar ......deue venir á dezir su testimonio......Empero si...... fuesse tan viejo que ouiesse de setenta años arriba......non deuen ser apremiados. Ley 35, título 16, Partida 3ª

191

Pero el judgador ante quien fueren nombradas tales personas como estas (*mujeres honradas, enfermos, ancianos,*) si el pleyto fuere granado e non se pudiere saber la verdad, si non por estos testigos; entonce el judgador deue ir el mismo al lugar do fueren, e recibir su testimonio. Ley 35, título 16, Partida 3ª

192

......señaladamente deuen (*los testigos*) *jurar* estas tres cosas. La primera, que digan verdad de lo que saben ciertamente. La segunda, de lo que oyeron decir. La tercera, de lo que creen sobre aquel fecho de que les preguntan, si es assi o non. Ley 25, título 16, Partida 3ª

(1) Vid, Letra H.

193

......deue [*el juez*] fazer leer al testigo la demanda, o el pleyto sobre que es aducho para testiguar; e dezirle que le diga la verdad de lo que sabe. Ley 26, título 16, Partida 3 ?

194

......los judgadores siempre deuen ser apercibidos, para puñar de saber la verdad por quantas partes podieren. Ley 34, título 16, Partida 3 ?

195

......todo ome que fuere llamado que venga a testiguar por otro delante del judgador, deue venir a dezir su testimonio de lo que sabe......E si alguno fuesse rebelde......puedele el juez apremiar faziendole prendar fasta que venga. Ley 35, título 16, Partida 3 ?

196

......dezimos, que el judgador deue embiar su carta al juez de aquel logar do moran los testigos, e rogarle que se reciba los dichos dellos......e después que assi lo ouiesse fecho, que gelos embie. Ley de 27, título 16, Partida 3 ? (1)

197

Ordenamos y mandamos, que ninguna de las partes pueda presentar en......causas que tratan, más de treinta testigos; pero si las preguntas fueren diversas, permitimos que puedan nombrar y presentar por cada una pregunta los dichos treinta testigos, con tanto que jure que no lo hace con malicia, ni por dilatar, o si acaesciere, que despues que hobiere nombrado alguna de las dichas partes los dichos treinta testigos, y supiere de otros de nuevo con quienes creyere provar mejor su intencion y lo *jurare* así; mandamos, que dejando otros tantos de los que hobiere nombrado, y no estuvieren examinados les sean rescibidos los que así de nuevo nombrare, hasta el dicho número. Ley 2, título 11, libro 11, Novísima Recopilación.

(1) Vid. núm. 211.

198

......el juez......pregunte á cada testigo, qué edad tiene; ó si es pariente en grado de cousanguinidad ó ofinidad de la parte, y en que grado: ó si es enemigo ó amigo de alguna de las partes; ó si desea que alguna de las partes venciese el pleito más que la otra, aunque no tuviere justicia; ó fué sobornado ó corrupto, ó atemorizado por alguna de las partes: y que lo que dixere, asiente su deposición......y escrita ya....... el escribano *(ó secretario]* se la torne á leer al testigo y ponga al fin de la deposición cómo se la leyó delante, palabra por palabra, y que se afirmó en ello; y si supiere firmar, lo firme de su nombre. Ley 3, título 11, libro 11, Novísima Recopilación.

199

...permitimos que las dichas partes puedan hablar á los dichos testigos, y traerles á la memoria aquello para que son presentados, y encargarles las conciencias, que digan la verdad de lo que supieren y se les acordare, y no más. Ley 3, título 11, libro 11, Novísima Recopilación.

200

Mandamos, que quando......qualquier juez enviare á llamar indio, ó indios, que no sepan la lengua castellana, para les preguntar alguna cosa, ó para otro qualquier efecto, ó viniendo ellos de su voluntad á pedir ó seguir su justicia, les dexen y consientan, que traigan consigo un christiano amigo suyo, que esté presente, para que vea si lo que ellos dicen á lo que se les pregunta y pide, es lo mismo que declaran los naugatlatos, é intérpretes. Ley 12, título 29, libro 2, Recopilación de Indias.

201

......quando se haze, y presenta alguna probanza, o escritura en latin, o en otra lengua......se manda romancear, y para ello se nombran intérpretes y se les toma *juramento* en forma. Ley 21, título 20, libro 2, Recopilación de Castilla.

202

Todas estas personas se ratificarán inmediatamen'e, llamándose al reo para solo el efecto de que las conozca y presencie su juramento *(promesa de decir verdad)*. Cuando el reo estuviere ausente ó prófugo, esta diligencia se practicará luego que sea reducido á prisión. Cuando los testigos estuvieren ausentes, ó no se pudiere saber dónde se hallan, se suplirá su ratificación dando á los reos noticia de su nombre, señas y demas pormenores, y preguntándoles por su conocimiento y tachas; y en el caso de que tengan alguna qué oponerlas, se practicarán conforme á derecho las diligencias consiguientes. Ley de 5 de Enero de 1857, art. 55, Regla VIII.

203

Así los careos.......como las ratificaciones, se ejecutarán en la sumaria inmediatamente despues de haber examinado al testigo, haciendo comparecer al reo para que lo conozca y citándole en el acto para la ratificacion, que deberá practicarse desde luego retirado aquel.

Cuando la información sumaria preceda á la aprehension del delincuente, luego que ésta se verifique y tomada al reo su declaración preparatoria, se citarán los testigos que se hayan examinado, para los efectos prevenidos. Ley de 23 de Mayo de 1837, arts. 125 y 126.

204

......*la ratificación* (1) de los testigos se haga en presencia del reo, ó de la persona que este nombre en caso de hallarse en otra jurisdicción el testigo que haya de ratificarse, ó se imposibilite su concurrencia al lugar en que el reo se encuentre. Ley de 15 de Enero de 1863, art. 125.

205

Solo en caso de contradicción entre los testigos ó de éstos con el reo, se procederá á carearlos. Ley citada, art. 126.

(1) La protesta de ley (promesa de decir verdad) de que trata el art. 125 (Ley 15 de Enero de 1863) es la que deberá hacerse en la ratificación de los testigos á presencia del reo ó de la persona que éste nombre; y no la ratificación misma como pudiera comprenderse por la redacción del artículo referido (Ley de 25 de Febrero de 1853, art. 2.)

206

Siempre que se tome declaración á un menor de edad, loco, pariente del acusado ó á cualquiera otra persona que por otras circunstancias particulares sea sospechosa de falta de veracidad ó exactitud en su dicho, se llamará la atención sobre esto. Código de Procedimientos Penales del Distrito Federal, art. 223.

207

A los menores de nueve años, en vez de exigirles protestas de decir verdad, se les amonestará para que la digan, antes de recibirles su declaración. Id. art. 224.

208

Reeibir deue el judgador la jura *(promesa)* de los testigos, ántes que haya su testimonio. E esta jura (*promesa*) deue tomar, seyendo la parte delante contra quien son aduchos, faziendogelo antes saber e señalándole el día, á que venga veer como juran (*prometen*). Pero si la parte, después que assi fuesse combidada, fuesse rebelde que non quisiesse venir, non deue por esso el judgador dexar de tomar la jura (*promesa*) de los testigos, e recibir los dichos de ellos. Otrosi dezimos, que ningún testigo non deue ser recibido sin jura (*promesa*), nin deue valer su dicho. (1) Ley 23, título 16, Partida 3.ª.

209

La manera de como deue *jurar* (*prometer*) el testigo delante del judgador, es esta......*jurar* (*prometer*,) que diga verdad de lo que sopiere en razón del pleyto sobre que es aducho, también por la vna parte como por la otra; e que en diciéndola,, non mezclará y falsedad; e que por amor. ni por desamor, ni por miedo, nin por cosa que le sea dada, ó prometida, nin por daño, nin por pro que el atienda ende auer, non dexara de dezir la verdad, nin la encubrirá: e que toda cosa que sopiere de aquel pleyto sobre que es aducho

(1) La citación del acusado para oir la promesa de decir verdad que se exigirá al testigo durante la inquisición ó sumaria información, debe hacerse en el caso de ratificaciones de testigos. Véase la nota puesta al número 204.

por testigo, que la dira maguer non gela pregunte el judgador. E aun deue jurar (*prometer*) que non descubrirá á ninguna de las partes lo que dixo, dando su testimonio, fasta que el juez lo haya publicado. Ley 24, título 16, Partida 3 ª

210

Recibida la *jura* (*promesa*) de los testigos......deue el judgador apartar el vuo dellos, en tal logar que ninguno non los oya e auer algund escriuano entendido (*secretario ó testigos de asistencia*) consigo, que escriua lo que dixere; de manera que niuguno de los otros testigos no pueda saber lo que el dixo......E desque el testigo......comenzare a dezir, deue el judgador escucharle mansamente. e callar fasta que aya acabado, catandol todauia en la cara. E quando acabare de dezir. deue entonce el judgador......recontar lo que el testigo dixo. E si se acordasen, que dixo assi, deuelo luego fazer escriuirlo el mismo bien, e lealmente. de guisa que non sea menguada, nin crecida ende ninguna cosa. E si viere que y a alguna cosa de enmendar, deuelo luego enderezar: e después que fuere todo enderezado, deuelo fazer leer antel testigo, e si el testigo entendiere que esta bien, deuelo otorgar. E aquel que recebiere al testigo que dize que sabe el fecho, deuele preguntar, como lo sabe; faziendol dezir, porque razón lo sabe, si lo sabe por vista, o por oyda, o por creencia. E la razón que dixere, deuela fazer escriuir...... E desque los testigos fueren. aduchos delante del judgador, e ouieren *jurado* (*hecho promesa legal*), non se deuen partir de aquel logar sin su mandado, fasta que hayan acabado de dezir su testimonio. Ley 26, título y Partida citados.

211

......mandamos, que el juez del logar, do los testigos moraren, que sea tenudo de lo fazer assi (*examinarlos por requisitoria;*) fueras ende, si el pleyto fuere atal, de que pudiesse nacer muerte......o echamiento de tierra. Ca entonce tenemos por bien, e mandamos, que el juez que ha de judgar el pleyto, el por si mismo reciba los testigos, e non otro. Ley 27, título y Partida citados. (1)

(1) Vid. núm. 196.

212

Preguntado seyendo el testigo, por que razón, o como sabe lo que dize en su testimonio: si dixere que lo sabe, por que estaua delante quando fue fecho aquel pleyto, o aquella cosa, e que la vido fazer, es valedero su testimonio.......

Otrosi dezimos, que deuen ser preguntados (*los testigos*) del tiempo en que fue fecho aquello sobre que testiguan, assi como del año, e del mes, e del dia, e del logar en que lo fizieron.......

E aun deuen ser preguntados los testigos, quien eran los otros testigos que estauan delante quando acaescio aquello sobre que testiguan. Ley 28, título y Partida citados.

213

Otrosi dezimos, que el testigo que non diere razón de como sabe lo que testigua, si non que dize que lo cree, que non deue valer aquello que testiguare. Ley 29, título 16, Partida 3ª

214

Ciertas preguntas dan á las vezes por escrito las partes a aquel que ha de recebir los testigos, pidiendo que por ellas los pregunte; e acaece, que quando abren los dichos dellos, non fallan y aquellas preguntas fechas, e por ende demandan que los pregunten de cabo. E por ende mandamos, que en tal caso como este, si la pregunta que non fuere fecha fuere atal que pertenezca al pleyto; que el judgador faga venir ante si los testigos. e que les pregunte otra vez en poridad sobre aquellas cosas de que non fueron ante preguntados, e vale lo que dixeren, bien assi como si los ouiessen dello preguntado primeramente. Más si el testigo, después que ouiesse acabado su testimonio, e se tirasse delante del judgador, fablasse con alguna de las partes, e de si, que tornasse, e dixesse, que auia en su dicho alguna cosa de mejorar, o de menguar; non gelo deue el judgador caber en ninguna manera. Pero si el judgador fallasse alguna palabra dubdosa, ó encubierta, en el dicho del testigo, de manera, que non pudiesse tomar ende sano entendimiento, bien lo puede llamar ante si, a dezirle en poridad, que declare aquella dubda: e el testigo deuelo fazer, e valdrá lo que dixere en esta razón; maguer que ouiesse fablado con alguna de las partes después que testiguo. Ley 30, título y Partida citados.

215

... ...si los plazos fuessen pasados, non gelos (*á las partes*) deuen (*los jueces*) recibir (*los testigos*). Saluo ende carta, ó instrumento. Ca esto bien gelo pueden recibir ante de las razones cerradas. Ley 34, título 16, Partida 3.ª.

216

......si juizio fuesse dado contra aquel que ouiesse aducho los testigos, por que non pudiera bien prouar su intención; el después de eso se alzasse, e siguiendo la alzada, viniesse algún testigo, que non fuesse en la tierra quando dio los otros; o fuesse en la tierra, e non se ouiesse acordado del para aduzirlo quando los otros aduxera. Ca en tal caso como este, bien puede recebir tales testigos el juez de la alzada, *jurando* primeramente aquel que los dá, que lo non faze por engaño, nin por malicia, nin por alongamiento; e quando los otros testigos dio delante el primero judgador, que non pudo dar estos, o que non se acordo dellos entonces. Ley 39, título 16, Partida 3.ª

217

......he resuelto, que con la más rigorosa exactitud y observancia se ejecuten las leyes, que hay contra testigos falsos y falsos delatores, en todo género de causas, así civiles como criminales, sin ninguna dispensación ni moderación. Ley 6, título 6, libro 12, Novísima Recopilación.

218

Mandamos, que......pongan á la letra los dichos de los testigos, sin mudar palabra ni aclararla, sino como lo dicen; y que no trasladen las probanzas donde se puedan leer antes de la publicación; y que los registros de sus probanzas y autos no los escriban abreviados, ni de letra muy junta, y dexen márgenes en los dichos registros, y no lo den á escribientes que la alargen ni extiendan. Ley 5, título 11, libro 1I, Novísima Recopilación.

219

.......mandamos, que si los testigos fueren rescebidos como deben y por quien deben, que después de publicados, no puedan ser tomados ni traidos otros en primera instancia, salvo por restitución. Ley 9, título 11, libro 11, Novísima Recopilación.

CAPITULO VI.

De la prisión preventiva ó formal del inculpado.

220

Para decretar el auto motivado de prisión se requiere que preceda información sumaria de que resulte algún hecho que merezca, según las leyes, pena corporal, y algún motivo ó vehementes indicios para creer que tal persona ha cometido el hecho criminal. (1) Ley 25 de Diciembre de 1878, artículo 1 ?

221

Los jueces de primera instancia, examinando lo practicado, verán si existe alguna prueba ó indicio de criminalidad contra los detenidos, en cuyo caso los declarará bien presos. Ley de 5 de Enero de 1857, art. 55, Regla XI.

222

El auto de bien preso se pronunciará precisamente en el término de tres días. La falta de cumplimiento de este artículo es causa de responsabilidad contra el juez que lo infrinja. Ley de 15 de Enero de 1863, art. 122.

223

Los jueces de primera instancia proveerán por sí el auto del artículo anterior sin consulta de letrado. Ley citada artículo 123.

(1) Véase la nota I.

CAPÍTULO VII.

De la libertad bajo caución.

224

No será llevado a la cárcel el que dé fiador en los casos en que la ley no prohiba expresamente que se admita fianza. Constitución Española de 18 de Marzo de 1812, art. 295.

225

......si carta *(exhorto)* fuere para recabdar.......aquel ó aquellos malfechores, que los recabden fasta que den buenos fiadores, o buen recabdo.......Pero si en la carta non dixere (*el exhortante*) que los den por fiadores, non los deuen dar. Ley 24. título 18, Partida 3.ª.

226

......el juez que diesse sobre fiador algund ome, que fuesse acusado sobre yerro que mereciesse muerte, u otra pena en el cuerpo, (1) si le fuesse prouado, non se puede excusar que non sea en gran culpa quando lo diesse por fiadura; e (*el superior*) puedele poner pena por ello. Ley 10, título 29, Partida 7.ª

227

Acusado seyendo algún ome sobre algún mal fecho, si entrasse otro fiador por el, delante de......los......que judgan ......obligandose so pena cierta, a traerle a derecho a dia señalado deuelo aduzir aquel dia, que cumpla de derecho....... E si por auentura acaesciesse, que lo non pudiesse fallar, deue auer otro tanto de plazo para buscarle, e aduzirle ante del judgador, quando fue el plazo primero a que lo ouo de aduzir, si fue menor de seys meses. E si por auentura fue el plazo de seys meses, deue auer otro tanto para buscarle. E si non le pudiere fallar, o non le traxere a derecho, fasta el año cumplido (2) entonce es tenudo de pechar la pena a que se obligo. Ley 17, título 12, Partida 5.ª

(1) Véanse los números 229--232.
(2) *Quando primus terminus fuit sex mensium; si fuit minor, illo et allis tantundém elapsis, commiteretur pœna.* Glosa de Gregorio López.

228

Finándose aquel a quien auiesse alguno fiado de aduzir a derecho, ante que se cumpliesse el primero plazo a que lo deuiera aduzir en juyzio, non es tenudo el fiador, de la pena a que se obligo. Mas si muriesse despues del primer plazo, tenudo es de pechar la pena. Ley 19, título 12, Partida 5.ª

229

Siempre que el delito no tenga señalada pena corporal, se admitirá por el juez fianza desde el principio del proceso. Ley de 5 de Enero de 1857, art. 55, Regla XII.

230

Siempre que un juez proceda por delito que no merezca pena corporal, hará que el reo, si fuere arraigado, permanezca á derecho durante el juicio, so pena de diez á cien pesos de multa, que á su prudente arbitrio hará efectiva; y si por falta de arraigo se temiere la fuga, que garantice su permanencia con un fiador abonado. Ley de 22 de Julio de 1887, art. 1°

231

En cualquier estado de la causa en que aparezca que el reo no merece pena corporal, se le pondrá en libertad bajo de fianza *(si se teme su fuga por falta de arraigo; de otro modo, permanecerá á áerecho.)* Vid. núm. anterior. Ley de 15 de Enero de 1863, art. 120. (1)

232

Se reconocen por penas corporales, para negar la excarcelación bajo de fianza *(ó de caución promisoria,)* las designadas en las fracciones VII, VIII, IX y X del art. 92 del Código Penal, y la de arresto mayor, cuando por pasar de once meses se convierta en prisión, conforme á la segunda parte del artículo 124 del mismo Código. Ley de 25 de Diciembre de 1878, artículo 6.

233

En todo juicio criminal en que proceda conforme á derecho la excarcelación del reo bajo de fianza, se otorgará esta

(1) Vid. nota C. et Y.

apud acta y sin costas, poniéndose aquel *(reo)* inmediatamente en libertad; pero sea que la excarcelación proceda ó no, el juzgado dará cuenta en copia certificada con el auto y las diligencias respectivas al Tribunal de Justicia, para el efecto de confirmarlo ó revocarlo, según lo que haya lugar, y de exigir al juez la responsabilidad en su caso. Ley de 22 de Julio de 1877, art. 2 º

234

Las fianzas se extenderán siempre por cantidad que fijará el juez, atendiendo á la gravedad de la acusación y á la responsabilidad civil que respecto del actor puede tener el reo; de modo que nunca se haga ilusorio el derecho de aquel [actor] por la fuga de éste. Ley de 5 de Enero de 1857, artículo 55, Regla XIII.

CAPÍTULO VIII.

De la confesión con cargos.—Resoluciones que se deben dictar cuando la instrucción esté concluida.

235

En la confesión y al tiempo de hacerse al reo los cargos correspondientes, deberá instruírsele de los documentos, testigos y demás datos que obren en su contra, y desde este acto el proceso continuará sin reserva del mismo reo. 5 º Ley Constitucional de 29 de Diciembre de 1836, art. 48.

236

......recibida la confesion al tratado como reo, todas las providencias y demás actos qua se ofrezcan serán en audiencia pública para que asistan las partes si quisieren. Decreto de 9 de Octubre de 1812, art. 16.

237

El sumario termina con la confesión y los cargos, despues de los cuales, si el reo está confeso y no alega excepciones que necesiten prueba, ya porque consten suficientemente en el proceso, ya por ser solamente de derecho, el juez podrá mandar cortar la causa entregándola desde luego al defensor por un término que no exceda de tres días, para que conteste el cargo. Si el reo ó la parte agraviada se opusieren á esta determinación, el juez, sin mas diligencias, abrirá el plenario. Ley de 5 de Enero de 1857, art. 56.

238

En los demás casos, si no hubiere parte, se entregará la causa al defensor por tres días, para que promueva lo que convenga al reo. Habiendo parte que pretenda fundar la acusación, recibirá desde luego el proceso por igual término. Ley citada, art. 58. (1)

TITULO VI.

DEL SOBRESEIMIENTO Y DE LOS INCIDENTES.

CAPÍTULO I.

Del sobreseimiento.

239

En cualquier estado de la causa en que el juez conozca que no hay mérito para seguirla, la sobrescerá, poniendo al reo en libertad y dando cuenta con la causa al Tribunal superior para su revisión. Ley de 15 de Enero de 1863, artículo 121.

CAPÍTULO II.

De los incidentes. (2)

140

Los incidentes civiles que ocurran en las causas criminales......se seguirán......con absoluta separación de la causa principal. Ley de 18 de Marzo de 1840, art. 12. (3)

(1) Vid. nota J.
(2) Incidente es la cuestión ó disputa que se promueve sobre algún punto incidental al asunto principal ó sobre la dirección del juicio. —Peña y Peña.
(3) Véanse los artículos 229 de Código civil, 242, 1419 y 1922 del Código de Procedimientos civiles, y 749 del Código Penal.

141

En todo caso deberán seguirse en piezas separadas y sin embarazar nunca el curso del proceso principal, cualesquiera incidentes que no estuvieren íntimamente conexos con el delito, y cuya separación no impida su cómoda averiguación, ni la defensa del acusado. Ley de 5 de Enero de 1857, art. 78.

141

I. El juez que falle definitivamente en un juicio criminal, fallará también sobre la responsabilidad civil, si el ofendido dedujere su acción sobre este punto en el mismo juicio, y el incidente se hallare en estado de sentencia. (1)

II. Si por no hallarse en estado de sentencia el incidente civil, no se pudiere fallar sobre él al mismo tiempo que sobre el juicio criminal, conocerá en lo sucesivo y fallará el juez de lo civil que elija el demandante.

III. Cuando éste no deduzca su acción civil en el juicio criminal, le quedará á salvo su derecho, y podrá deducirlo ante la jurisdicción civil.

IV. No será obstáculo para esto que el acusado haya muerto ántes ó después que se le condene.

Tampoco lo será el haber sido absuelto en el juicio criminal, si la absolución no se fundare en una de estas tres circunstancias. Primera, que el acusado obró con derecho. Segunda, que no tuvo participio alguno con el hecho ú omisión que se le imputa. Tercera, que ese hecho ú omisión no ha existido.

V. La responsabilidad civil puede demandarse ante la jurisdicción civil, esté ó no intentado el juicio criminal; pero mientras éste se halle pendiente, se suspenderá el curso de dicha demanda.

VI. El fallo irrevocable que recaiga sobre la responsabilidad civil, lo ejecutará la jurisdicción que lo pronuncie, sea civil ó criminal.

VII. Cuando la responsabilidad civil se exija ante la jurisdicción civil, se fallará en juicio verbal, si la cantidad demandada no excediere de trescientos pesos, ó en juicio sumario, si excediese de dicha suma.

---

(1) Exceptúanse de esta prescripción los fueros militar y constitucional.

VIII. La prueba y la estimación de los daños y perjuicios, se haran con arreglo al derecho civil vigente. Ley Transitoria del Código Penal, art. 28. (1)

24 ;

Los honorarios á que se refiere la partida 135 [*del presupuesto de egresos contenido en la ley de hacienda*] (2) se satisfarán por la Tesorería, siempre que las partes no tengan bienes y previa calificación que el juez hará bajo su responsabilidad. Ley de 24 de Noviembre de 1887, art. 3.º

244

Los jueces, al dictar el auto de formal prisión ó el de libertad bajo de fianza, harán constar en seguida, por medio de diligencias, si las personas á quienes aquellos autos atañen, tienen ó no recursos pecuniarios bastantes para indemnizar al Erario de los gastos de reconocimiento. Ley de 8 de Marzo de 1886, art. 7.º

245

En caso afirmativo, los datos del proceso que hayan ameritado alguna de las providencias expresadas, ameritarán también el embargo precautorio de la suma de tres pesos (3) que será depositada en efectivo en la Tesorería General del Estado, ó Colecturía del Departamento, hasta que en definitiva se declare lo que sea procedente, ó antes si hubiere otra determinación revocatoria del auto de prisión ó del de libertad bajo de fianza. Ley de 8 de Marzo de 1886, artículo 8.º

246

Para la secuela del incidente dicho, se testimoniará el auto respectivo y la diligencia subsiguiente, con lo que vendrá á iniciarse la cuerda separada; menos cuando haya acusador,

(1) Véanse los artículos 344, 345 y 346 del Código Penal.
(1) La partida 135 citada señala como gastos generales del ramo de justicia, para honorarios de médicos y peritos, la cantidad de $ 1,000. Véase el art 5.º de la Ley de Presupuestos de 21 de Noviembre de 1888, que dispone lo mismo.
(3) El embargo se decretará si se hubiere hecho reconocimiento pericial de alguna lesión.

por estar entonces obligado éste á hacer el depósito indica-
do, si tuviere posibilidad pecuniaria para verificarlo. Ley de
8 de Marzo de 1886, art. 9 º

247

Los jueces remitirán cada mes á la Tesorería ó Colecturía
del Departamento, nómina autorizada de todas las personas
sujetas á reconocimiento pericial ó de prácticos, durante ese
período, expresando quienes de los encausados sean ó no
solventes. Ley de 8 de Marzo de 1886, art- 10.

248

El documento de que se habla en el artículo anterior se
acompañará precisamente al recibo del juez para percibir
sueldo. Ley de 8 de Marzo de 1886, art. 11.

249

En ningún caso podrá percibirse por los jueces la cantidad
de indemnización á que se alude y que debe depositarse en la
oficina de hacienda. La infracción de este artículo se castigará con multa de cincuentá á cien pesos, de los que se aplicará
mitad al Erario y mitad al que la descubra, aún cuando éste
sea empleado de hacienda: haciéndose la aplicación de la
pena por la sala del Tribunal de Justicia á la que toque conocer. Ley de 8 de Marzo de 1886, art. 12.

250

Los jueces y tribunales dictarán......(1); las providencias
precautorias que aseguren la responsabilidad civil (2); fija-
rán su monto (3), y determinarán quienes y cómo han de
satisfacerla (4); la harán efectiva en el todo ó en la parte

(1) La responsabilidad civil no podrá declararse sino á instancia de parte legítima. Código Penal, art. 308. Véase también el número 242 y el 245.
(2) Con arreglo al artículo 309 del Código Penal y capítulo V. título V
del Código de Procedimientos civiles.
(3) De entera conformidad con lo mandado en los artículos 313 á 325 del
Código Penal.
(4) Con sujeción á las capítulos III y IV, libro II del Código Penal.
Véase la regla IV del número 242.

que se pudiere (1); y cuando se hubiere de satisfacer en cantidades parciales, proveerán lo conveniente para que no quede burlada su disposición. Ley de 5 de Enero de 1857, artículo 55, regla XIV.

251

No se impondrá la pena de confiscación de bienes; más cuando se proceda por delitos que llevan consigo responsabilidad pecuniaria, se hará el embargo de lo suficiente para cubrirla. Ley de 15 de Enero de 1863, art. 189.

252

......sin esperarse á la formal liquidación de los alcances que resulten á los administradores y demás empleados de rentas, se proceda desde luego, no solo al embargo de sus bienes, sino también á exijir de sus fiadores, por vía de depósito ó secuestro, las cantidades en que se hayan obligado, con reserva de oirles y determinar oportunamente con conocimiento de causa, lo que corresponda en justicia. Real Orden de 12 de Noviembre de 1803, (2)

CAPÍTULO III.

De la acumulación de procesos.

253

Mandamos que los jueces......en una causa, sobre un delito que les fuere cometido, ó entendieren en ella, no fagan más de un proceso, aunque sean muchos los delinquentes; so pena que sean obligados, lo contrario haciendo, á todas las costas, derechos y daños que á las partes se siguieren. Ley 9, título 34, libro 12 de la Novísima, que es la 12, título 1, libro 8 de la Recopilación.

254

Cuando aparezca que algún reo aprehendido tiene causa pendiente en otro juzgado, no se hará desde luego acumula-

---

(1) Sujetándose al capítulo V. libro y Código citados últimamente.
(2) Véase á este respecto los artículos 1º fracción 19, 8º, 9º y 15 de la Ley de 27 de Mayo de 1888, que creó la plaza de visitador de Hacienda del Estado.

ción de autos, sino que cada juez perfeccionará el sumario con independencia del otro y terminados ambos, se hará la acumulación y continuará conociendo el juez que haya aprehendido al reo. Ley de 15 de Enero de 1863, art. 192.

255

......se reunirán los procesos y los continuará el juez que de derecho corresponda (1): y en caso de duda, el que haya conocido en la primera sumaria, á cuyo efecto le pasarán las actuaciones el otro ú otros que hayan entendido en esas diversas causas. Ley de 5 de Enero de 1857, art. 76.

256

Cuando los reos sean de distinto fuero......se librarán como hasta aquí los testimonios acostumbrados. Ley de 5 de Enero de 1857, art. 77. (2)

(1) Véase el número anterior.
(2) Véanse los artículos 27--31, 206--218 del Código Penal.

LIBRO SEGUNDO

DEL TRIBUNAL, DE LOS JUECES Y DE LOS ASESORES.

TITULO I.

CAPÍTULO UNICO.

De las Salas del Tribunal de Justicia.

257

Las Salas 2.ª y 3.ª conocerán por turno en los negocios siguientes:

I. En los juicios verbales criminales que los jueces de primera instancia remitan á revisión.

II. En segunda instancia de las causas......de que hayan conocido en primera los juces referidos.

III. En primera instancia de las causas de responsabilidad que se manden formar de oficio ó se promuevan contra los asesores y jueces de primera instancia.

IV. En primera instancia de las que deba formarse contra los dependientes inmediatos del Tribunal Superior de Justicia, por faltas cometidas en el desempeño de sus deberes.

V. En los casos de excusa ó recusación del magistrado de la primera sala sin ulterior recurso. Ley de 15 de Enero de 1863, art. 129. (1)

(1) Véase el número 150.

VI. En las causas......de oficio de......prefectos. (1). Estatuto Orgánico de 10 de Noviembre de 1855, art. 106, fracción IV.

258

La segunda sala conocerá:

I. En segunda instancia de todos los asuntos......criminales en que la tercera sala hubiere conocido en primera instancia.

II. En tercera instancia en todas las causas......en que la tercera sala hubiere conocido en segunda instancia. Ley de 15 de Enero de 1863, art. 130.

259

La tercera sala conocerá:

I. En segunda instancia de los negocios en que la segunda sala hubiere conocido en primera instancia.

II. En tercera instancia de todos los en que la segunda sala hubiere conocido en segunda instancia. Ley citada, artículo 131.

260

Sin perjuicio de lo dispuesto en las fracciones I, del artículo 130 (*número 258*) y I del 131 [*número 259*] de la ley de administración de justicia de 15 de Enero de 1863, también conocerán en segunda instancia las salas segunda y tercera del Tribunal de Justicia del Estado, de todos los negocios en que hayan conocido en primera; pero siempre que la sala respectiva no esté servida por el mismo magistrado que conoció en primera instancia. Ley de 11 de Octubre de 1872, artículo 1º

261

La sala primera conocerá:

I. En tercera instancia de todos los negocios......criminales en que alguna de las otras salas hubiese conocido en segunda instancia.

II. En las competencias que se suscitaren entre los jueces de primera instancia y entre éstos y los alcaldes.

(2) **Jefes Políticos.**

VI. De los casos de recusación ó excusa de la primera y segunda salas......sin ulterior recurso. Ley de 15 de Enero de 1863, art. 132. (1)

262

En los casos de impedimento temporal ó absoluto del Regente del Tribunal de Justicia, el decano que debe reemplazarlo se encargará de la primera sala, sin perjuicio de servir la suya en todo lo que fuere compatible, mientras se presenta el magistrado supernumerario que deba ocuparla, y aun llegado este caso seguirá conociendo, en todos los negocios para cuya vista ya hubiere citado. Ley de 11 de Octubre de 1872, art. 2 $\circ$ y Ley de 15 de Enero de 1863, art. 135 reformado por el anterior citado.

263

En las causas......de que la primera sala hubiese conocido en segunda instancia, conocerán en tercera y por turno las salas segunda y tercera. Ley de 15 de Enero de 1863, artículo 136.

264

Lo dispuesto en el artículo 136 (*número anterior)* será únicamente para los casos de que habla el artículo 135 [*número 262*] que le precede, y en el de que á falta de los magistrados propietarios se hallen en ejercicio de sus funciones los dos magistrados supernumerarios. Ley de 25 de Febrero de 1863, art. 3 $\circ$

265

Cuando los magistrados del Superior Tribunal de Justicia, estando en funciones, no puedan conocer de algunos asuntos ......criminales por hallarse impedidos, se encargará el conocimiento á los ministros supernumerarios, llamándolos por el orden en que fueron electos, quienes podrán actuar con testigos de asistencia en el punto donde residan, siempre que no sea fuera del Estado. Decreto de 9 de Agosto de 1888, artículo único.

(1) Véase el número 150.

266

En los casos que por excusa ó recusación de los magistrados que se hallen en funciones, ó por imposibilidad justificada de los propietarios ó supernumerarios para presentarse á ejercer su encargo, falte algun magistrado hábil que deba conocer de algún asunto pendiente, el Tribnnal Superior de Justicia llamará á este fin y por su orden, á los que figuraron en años anteriores, comenzando por los del período más reciente. Ley de 30 de Noviembre de 1874, art, 1.º

267

El ex-magistrado que para los efectos del artículo anterior fuese llamado, disfrutará, por el tiempo que permanezca en el coñocimiento del asunto ó asuntos de que se encargue, igual sueldo al que disfrutan los que actualmente figuran en el Tribunal superior de Justicia. Ley citada, art. 2.º

TÍTULO II.

DEL PROCEDIMIENTO EN LOS JUIJIOS DEL RAMO PENAL

CAPÍTULO I.

Del procedimiento ante los jueces rurales y alcaldes.

268

Presentándose el actor, se citará por cédula al demandado explicándose en ella con claridad lo que se demanda y quien promueve, y se fijará dia y hora para la comparecencia, conminándose al citado con multa de dos á cinco pesos. Ley de 15 de Enero de 1863, art. 4. (1)

269

Si concurriere el demandado y dejare de hacerlo el actor, se le exigirá á éste una multa doble de la que se le habría

(1) La multa de que habla este artículo pueden imponerla los alcaldes y jueces de departamento.

impuesto al primero, y será condenado de plano y á verdad sabida, á satisfacer los gastos que haya tenido que erogar en su comparecencia[*el demandado*,] y no se librará segunda cita en el mismo negocio, sin que se haya pagado la multa y hecho la indemnización. Ley citada, art. 5.º

270

La cédula se llevará por el comisario del juzgado, y se entregará al citado en la casa de su habitación, y no hallándose en ella, á cualquiera persona de su familia ó criados ó quien viva en ella [*la casa*], tomándose razón del nombre y apellido del sujeto que la reciba [*la cédula*], en un libro que se llamará de citas y en el que se asentará todo lo que tenga relación con ellos. Ley citada, art. 6.º

271

Entre la citación y el acto de la comparecencia mediará á lo menos un día natural, teniendo la persona citada su residencia en el mismo lugar. Por motivos de urgencia manifiesta y grave, á juicio del juez, podrá reducirse el plazo al número de horas que estime suficientes. Id. art. 7.º

272

Cuando sea demandada ante juez competente alguna persona que se halle en otra población, librará oficio aquel al juez del lugar, para que le notifique comparezca dentro de término suficiente que se fije. Id art. 8.º

273

......solo se librará segunda cita cuando no haya temor fundado de ocultacion ó fuga, pues habiéndolo, el juez proveerá lo conveniente para asegurar la comparecencia del demandado, y procederá inmediatamente al juicio verbal. Ley citada art. 10.

274

Despúes que el juez se haya impuesto de la demanda del actor y de las excepciones del reo, oirá las réplicas, reconven-

11

ciones y demás que prodúzcan ambas partes por su orden, en cuanto baste á ilustrar la cuestión. En seguida se recibirán las pruebas que las partes ofrezcan y el juez estime necesarias para averiguar la verdad, dentro de un término que no pase de quince días. Las declaraciones de los testigos se recibirán bajo protesta, haciéndose esta á presencia de los interesados. Concluidas las pruebas se hará saber á las partes, y acto continuo se oirá lo que quisieren exponer con presencia de aquellas. El juez, antes de pronunciar el fallo, exhortará á las partes á entrar en una composición amigable, si la demanda fuere......sobre injurias, y lográndose el avenimiento se dará por terminado el juicio. Si no se lograre, ó la demanda......no fuere sobre injurias, se pronunciará la sentencia. Ley citada, art. 11.

275

De todo se dará una relación suscinta en el libro de juicios verbales, concluyendo con la sentencia que se haya dictado, ó explicando los términos del convenio que hayan celebrado las partes. Ley citada, art. 12.

CAPITULO II.

Del procedimiento ante los jueces de primera instancia. —Juicio verbal ó en partida.

276

Mientras no se promulgue el Código de Procedimientos criminales, los jueces de primera instancia del Estado, instruirán y determinarán en juicio verbal todos los procesos que se formen por delitos cuya pena no pase de arresto mayor, quinientos pesos de multa ó reclusión penal por un año. Ley de 13 de Diciembre de 1873, art. 9.º

277

En los juicios verbales......se oirán en una sola audiencia la demanda y la contestación, y en el acto se formará por el escribano ó secretario un resúmen de una y otra, á satisfacción de las partes, que se acreditará con su firma; y si el negocio requiere prueba, se recibirá, concediéndose para rendirla el término indispensable que no pase de quince días: concluidos éstos, se concederá el término de tres días á cada una de las partes para sus últimos alegatos. Al dia siguiente á la conclusión del término, las partes alegarán verbalmente en la misma audiencia lo que les convenga, y el juez fallará, á lo más tarde, dentro de ocho días. (1) Ley de 15 de Enero de 1863, art. 33.

CAPÍTULO III.

Del procedimiento ante los mismos jueces.--Juicio ordinario ó común.--Plenario.--De la prueba.
Reglas generales.

278

Los jueces no deben admitir á los reos pruebas sobre puntos que probados no pueden aprovecharles, y serán responsables de la dilación y de las costas en caso contrario. Decreto de 11 de Septiembre de 1820, art. 11. (2)

279

La recepción á prueba debe ser con la previa calidad de todos cargos. Decreto citado, art. 13.

280

Cuando las excepciones alegadas por el reo tampoco tengan relación con el delito, ó no puedan disminuir de modo alguno su gravedad, ó sean inverosímiles ó improbables, se despreciarán absolutamente sin recibir la causa á prueba. Ley de 23 de Mayo de 1837, art. 128.

281

......naturalmente pertenece la prueua al demandador, quando la otra parte negare la demanda, ó la cosa o el fecho. Ley 1.ª título 14, Partida 3.ª

(1) Nótese que según el artículo 1.° del decreto de 25 de Febrero de 1863, si el juicio es por hurto simple ó menor de cien pesos ó por herida cuya curación se haga en 15 días y no deje impedimento, no obliga la consulta de ninguna providencia. Veánse los artículos 37 y 115 de la Ley de 15 de Enero de 1863, referentes al citado.
(1) Vid. números 237 y 238.

282

......non es tenuda la parte de prouar lo que niega......
otrosi las cosas que son negadas en juyzio, non las deuen...
prouar aquellos que las niegan. Ley 1, título 14, Partida 3.ª

283

Regla cierta de derecho es, que la parte que niega alguna cosa en juyzio, non es tenudo de la prouar......Pero cosas señaladas son, en que la parte que la niega, es tenudo
de dar prueua sobre ellas. E esto sería, cuando alguno razonaua, e dize en juyzio contra su contendor *que non puede
ser abogado;* ó dize contra alguno, que aduze por testigo, *que
non lo puede ser;* ó razona contra aquel que los oye, *que non
deue ser juez*......Ca sobre tales niegos, como estos, o otros
semejantes dellos, tenuda es la parte, que razonaua contra
otro, de lo prouar. Ley 2, título y Partida citados.

284

......aquella prueba deue ser tan solamente recebida en
juyzio, que pertenece al pleyto principal sobre que es fecha
la demanda. Ley 7.ª, título y Partida citados.

285

Si alguno razonare alguna cosa en pleyto, y dixere que lo
quiere probar, si la razón fuere tal que. aunque la probase,
no le podría aprouechar en su pleyto, ni dañar á la otra parte, el juez no reciba la tal probanza. Ley 5.ª, título 10, libro 11, Novísima Recopilación.

286

......las pruebas deuen ser aduchas, sobre cosas que se
pueda dar juyzio; así como sobre......de oficio, o de honores
o de guardadores de huérfanos, o de otras personas en razón
de yerros, o de otra cosa cualquier, de que podría ser fecha
demanda en juyzio, para fazer escarmiento dellos. Ca non
deuen ser rescebidas prucuas sobre las questiones, o argu-
mentos de filosofía; por que tales contiendas como estas non

se han de librar......por juyzio. Ley 7 ª., título 14, Partida 3 ª.

CAPÍTULO IV.

Del término de prueba. (1)

287

El término de prueba, común á ambas partes, será el de seis días, prorogable por otros seis, en consideración de motivos graves que se harán constar. El juez puede conceder nueva próroga hasta por nueve días, bajo su responsabilidad, en casos extraordinarios. Ley de 5 de Enero de 1857, art. 59.

288

Los términos designados en esta ley no podrán prorogarse, sino en el caso extraordinario de que sea imposible de otro modo practicar alguno diligencia susbtancial, á juicio del juez ó tribunal; en cuyo caso decretará él mismo la próroga por el tiempo que fuese preciso. Ley citada, art. 73.

289

Quando el demandador para probar la demanda, ó el demandado para probar su defensión, dixeren que tienen testigos allende la mar ó fuera del Reyno (*Nación*); mandamos que el juez no les dé más plazo que de seis meses, para traer ante él los testigos, ó los dichos dellos; pero si viere el juez que la prueba se puede hacer en tiempo más breve, que le dé plazo según su albedrio en que entendiere que se se puede hacer la probanza. Y por que en los plazos allende la mar ó fuera del Reyno (*de la Nación*) no pueda ser hecha malicia ó alongamiento, mandamos que estos plazos no sean otorgados á la parte que los pidiere; salvo si probare primeramente, que aquellos testigos, que nombrare, eran á la sazón en el lugar do el hecho acaeció; y esto que lo pruebe hasta treinta días. Ley 2, título 10, libro 11 Novísima Recopilación.

(1) Prueua es aueriguamiento que se faze en juyzio, en razón de alguna cosa que es dubdosa. Ley 1, título 14, Partida 3 ª.

290

Mandamos que en caso que qualquier de las partes dixere, que tiene testigos allende la mar, sea dado término de seis meses haciendo la solemnidad (1) y *juramento (promesa solemne de no proceder de malicia,)* y dando la información, y nombrando los testigos, y depositando las expensas, según y por la forma que dispone el derecho......y si el juez viere en el caso de los seis meses para los testigos de allende el mar le ponga pena según su albedrío *[multa]*, la cual luego deposite, y que á cada una de las partes se dé su carta de receptoría. Ley 3, título 10, libro 11 Novísima Recopilación.

291

Por que en el pedir y conceder de los términos ultramarinos suele haber mucha dilación, y no basta lo prevenido por las leyes para obviar la malicia; y por que esta cese, y toda dilación, mandamos, que qualquiera de las partes que quisiere pedir término ultramarino para hacer probanza, lo pida juntamente con el término ordinario, para que si se le debiere conceder, goce y corra el término juntamente con el término ordinario luego; y que no habiendo pedido el dicho término ultramarino según dicho es, no le pueda después ser concedido. Ley 4, título y libro citados.

292

......si fuere en las ciudades y villas de aquende los puertos (*dentro del territorio nacional*) sea término de ochenta dias; y si allende los puertos; sea término ciento y veinte dias, para probar y haber probado, y para presentar la probanza: y......puedan (*los jueces*) abreviar los dichos términos y cada uno de ellos, acatada la calidad de la causa, y personas, ...y distancia de los lugares donde se han de hacer las probanzas; y que no las puedan alargar; y que esto sea por todos plazos y término perentorio. Ley 1, título y libro citados.

(1) Vid. núm. anterior y siguiente.

CAPÍTULO V.

Del valor de las pruebas.

293

Mientras tanto se expide el Código de Procedimientos penales para el Estado, los magistrados y jueces se sujetarán en cuanto á la apreciación de las pruebas, á lo prevenido en el capítulo 3°, título 2°, libro 2° del Código vigente en el Distrito Federal y territorio de la Baja California, sancionado el 15 de Setiembre de 1880, y á las demás disposiciones á que el citado capítulo se refiere, con excepción de la salvedad que entraña el artículo 290 del mismo código (295 de esta Rec.) Ley de 14 de Mayo de 1884, art. 1°

294

En el caso de que la criminalidad del reo se pruebe por los medios indicados en los artículos 407 y 408 (números 289 y 290) del precitado código, el término medio de la pena será el mínimun del que la ley señale al delito; y si fuese la capital, ese término será el de doce años de prisión.

Capítulo 3°, título 2°, libro 2° del Código de Procedimientos Penales citado en el número 270 de esta Recopilación.

295

Art. 390. Los jueces y Tribunal, en los negocios de su competencia. apreciarán la prueba con sujeción á las reglas contenidas en este capítulo.

296

Art. 391. No puede condenarse al acusado sino cuando se le haya probado que existió el delito y que él lo perpetró. Probados estos hechos, se presumirá que el acusado obró con dolo; á no ser que se averigüe lo contrario ó que la ley exija la intención dolosa para que haya delito.

297

Art. 392. En caso de duda debe absolverse.

198

Art. 393. El que afirma está obligado á probar. Tambien lo está el que niega, cuando su negación es contra una presunción legal ó envuelve la afirmación expresa de un hecho.

299

Ari. 394. La ley reconoce como medios de prueba:
I. La confesión judicial:
II. Los instrumentos públicos y solemnes;
III. Los documentos privados;
IV. El juicio de peritos;
V. La inspección judicial;
VI. La declaración de testigos;
VII. La fama pública;
VIII. Las presunciones.

300

Art. 395. La confesión judicial hará prueba plena cuando concurran las circustancias siguientes:
I. Que esté plenamente comprobada la existencia del delito;
II. Que sea hecha por persona mayor de catorce años, en su contra, con pleno conocimiento y sin coacción ni violencia;
III. Que sea de hecho propio;
IV. Que sea hecha ante el juez ó tribunal de la causa, ó ante el funcionario de policía judicial que haya practicado las primeras diligencias;
V. Que no venga acompañada de otras pruebas ó presunciones que, á juicio del juez ó tribunal, la hagan inverosímil.

301

Art. 396. Son instrumentos públicos:
I. Las escrituras públicas otorgadas con arreglo á derecho;
II. Los documentos auténticos expedidos por funcionarios que desempeñen cargo público, en lo que se refiere al ejercicio de sus funciones;

III. Los documentos auténticos, libros de actas, estatutos, registros y catastros que se hallen en los archivos públicos ó dependientes del gobierno federal ó de los Estados, del Distrito ó de la Baja California;

IV. Las actuaciones judiciales.

302

Art. 397. Los instrumentos públicos hacen prueba plena, salvo siempre el derecho de las partes para redargüirlos de falsedad y para pedir su cotejo con los protocolos ó con los originales existentes en los archivos.

303

Art. 398. Los documentos privados solo harán prueba plena contra su autor cuando fueren judicialmente reconocidos por éste.

304

Art. 399. Los documentos privados comprobados con testigos, se considerarán como prueba testimonial.

305

Art. 400. La inspección judicial hará prueba plena cuando se haya practicado en objetos que no requieran conocimientos especiales ó científicos.

306

Art. 401. La fé del juicio pericial, incluso el cotejo de letras será calificada por el juez ó tribunal, según las circunstancias.

307

Art. 402. Dos testigos que no sean inhábiles por alguna de las causas expresadas en este Código, harán prueba plena, si concurren en ellos los siguientes requisitos;

I. Que convengan no solo en la sustancia, sino en los accidentes del hecho que refieren;

II. Que hayan oido pronunciar las palabras, ó visto el hecho material sobre que deponen.

308

Art. 403. Tambien harán prueba plena dos testigos que convengan en la sustancia y no en los accidentes, siempre que estos, á juicio del tribunal, no modifiquen la esencia del hecho.

309

Art. 404. Para apreciar la declaración de un testigo, el juez ó tribunal tendrá en consideración las ciscunstancia siguientes.

I. Que el testigo no sea inhábil por cualquiera de las causas señaladas en este Código.

II. Que por su edad, capacidad é instrucción, tenga el criterio necesario para juzgar del acto.

III. Que por su probidad por la independencia de su posición y por sus antecedentes personales, tenga completa imparcialidad.

IV. Que el hecho de que se trate sea susceptible de ser conocidos por medio de los sentidos, y que el testigo lo conozca por sí mismo y no por inducciones ni referencias á otras personas.

V. Que la declaración sea clara y precisa, sin dudas ni reticencias, ya sobre la sustancia del hecho, ya sobre las circunstancias esenciales;

VI. Que el testigo no haya sido obligado por fuerza ó miedo, ni impulsado por engaño, error ó soborno. El apremio judicial no se reputa fuerza.

310

Art. 405. Si por ambas partes hubiere igual número de testigos que por la otra, el tribunal se decidirá por el dicho de los que le merezcan mayor confianza. Si todos la merecen igual y no hay otra prueba, se absolverá al acusado.

311

Art. 406. Si por una parte hubiere mayor número de testigos que por la otra, el tribunal se decidirá por la mayoría, siempre que en todos concurran los mismos motivos de confianza. En caso contrario obrará como le dicte su conciencia, fundando especialmente esta parte del fallo.

312

Art. 407. Producen solamente presunción:

I. Los testigos que no convienen en la sustancia, los de oidas, y la declaración de un solo testigo;

II. Las declaraciones de testigos singulares que versen sobre actos sucesivos que se refieren á un mismo hecho;

III. La fama pública.

313

Art. 408. Los tribunales, según la naturaleza de los hechos, la prueba de ellos y el enlace natural más ó ménos necesario que exista entre la verdad conocida y la que se busca, apreciarán en su conciencia el valor de las presunciones, hasta el grado de poder considerar que su conjunto forma prueba plena.

CAPÍTULO VI.

De las tachas:

314

Por cuanto muchas veces las tachas se ponen con gran malicia, y por alargar los pleytos; ordenamos y mandamos, que no sean recibidas tachas generales, salvo aquellas que singularmente fueren especificadas y bien declaradas: conviene á saber, si pusieren contra el testigo......que dixo falso testimonio, declare en qué tiempo, y en qual pleyto; y si dixere que es perjuro, declare en qué caso, lugar y tiempo, y por qual razón, y se dixere que es homicida, declare á quien mató á tuerto, y en que tiempo y lugar; y asi declare y especifique todas las otras tachas. Ley 2, título 12, libro 11, Novísima Recopilación.

315

Mandamos que hecha la publicación de los testigos (véase los números 235 á 238 y 249 á 251 de esta Recopilación,) en qualquier de las instancias, cada una de las partes, que quisiere ......tachar ó contradecir en dichos ó en personas los testigos y probanzas que la otra parte hubiere presentado, lo diga y alegue dentro de seis días (véase el número 286) despues de hecha la publicación y notificada á la parte ó á su procurador, y no dende en adelante y si dentro del dicho término fueren puestas tachas concluyentes contra las personas y dichos de los testigos que la una parte contra la otra presentare, y fuere visto......que son tales que deben ser recibidas, que den sentencia en que resciban á prueba dellas: y que el término sea perentorio, y no pueda ser más de la mitad del término que fué dado para la probanza principal, y menos, si paresciere......(al juez) de manera que lo puedan abreviar y no alargar; y que no se dé restitución para las poner, ni para las probar en la primera ni en la segunda instancia. Ley 1, título y libro citados.

316

.....non puede testiguar: I. Ome que aya perdido el seso, en quanto le durase la locura. Ley 8, título 16, Partida 3.ª

II.......nin otrosi aquel que dexasse de dezir verdad en su testimonio por precio que ouiesse recebido;

III Ome que es conocidamente de mala fama;

IV Padre nin abuelo, nin los otros que suben por la liña derecha, non pueden testiguar por sus fijos, nin por sus nietos, nin por los otros que descienden dellos por essa misma liña. Esso mismo dezimos, que ninguno destos descendientes que non pueden testiguar, por aquellos de quien descienden. Ley 14, título 16, Partida 3.ª

V Muger non puede testiguar por su marido en juyzio, nin el marido por su muger en pleyto que ellos demandassen. Esso mismo dezimos en todo pleyto qualquiera que fuesse mouido contra alguno déllos. Otrosi dezimos, que hermano por hermano non puede testimoniar en juyzio, mientra que ambos estouieren en poder de su padre ó biuieren de so vo- no auiendo, sus cosas comunalmente. Ley 15, título y Partidas citados.

VI. En su pleyto mismo non puede ser ningund testigo... Pero en pleyto de concejo.....bien podrían dar testimonio los del concejo.......como quier que el pleyto tenga á todos comunalmente. Ley 18, título y Partida citados.

VII. Otrosi non puede ser cabido, en aquel pleyto, testimonio de su......mayordomo, nin de su......ortelano, nin de su molinero, nin de ome que sea su paniaguado......Nin otrosi aquellos que biuen en su merced, ó han de fazer su mandado que podiesse testiguar por él.

VIII......ningun ome que sea omiziado con otro de gran enemistad, que non pueda ser testigo contra él en ningun pleyto: si la enemistad fuere, de pariente que le haya muerto; ó que se haya trabajado de matar á el mismo; ó si le ouiese acusado, ó enfamado sobre tal cosa, que si le fuera prouado, ouiera de recibir muerte por ello......ó echamiento de tierra, ó perdimiento de la mayor partida de sus bienes. Ca por qualquier destas maneras que haya enemistad entre los omes non deuen testiguar los onos contra los otros en quanto la enemistad durare; Ley 22, título y Partida citados.

IX. Otrosi dezimos que non deue ser recibido por testigo aquel que non es conocido del judgador, ó de la parte contra quien lo dan si este atal fuere ome vil e muy pobre.

X. Otrosi dezimos, que ningun judgador non puede ser testigo en pleyto que el ouiesse judgado, ó que ouiesse de judgar. Ley 19, título y Part. cits.

XI. Bozero non puede ser testigo del pleyto que el ouiesse comenzado á razonar. Ley 20 id. id.

XII. Otrosi dezimos, que los personeros, ó los guardadores de los huerfanos non pueden ser testigos en pleyto que ellos amparassen, ó demandassen, por aquellos cuyos personeros ó guardadores ellos fuessen. Ley título y Partida citados.

XIII. Otrosi dezimos, que si algunos ouiessen fecho algun yerro de so vno, e despues desso acusassen á alguno dellos por razon de aquel yerro que fiziera, non podria ninguno de los otros sus compañeros, que se ouiesse y acertado en fazer aquel yerro ser testigo contra él. Ley 21, id. id.

XIV. Otrosi dezimos, que aquel que estouiesse preso... mientra que estouiere preso, non podria testiguar contra otri que fuesse acusado en juyzio en pleyto criminal. Vid. nums. 221 y 222 de esta Recopilación. Ley 10, id. id.

XV. Esso mismo dezimos...de la muger que manifiestamente fiziesse maldad de su cuerpo por dineros. Id, id, id.

XVI. Nin aquellos que son casados, e tienen barraganas conocidamente. Nin aquellos que fuerzan las mugeres, quier las lleven ó non...Nin aquellos, que casan con sus parientes fasta en el grado que defiende.......(la ley) á menos de dispensación.......nin el que fuere de mala vida, assi.......como alcahuete conocido, ó tafur que anduuiesse por las tauernas ó por las tafurerías manifiestamente. Ley 8, libro 16, Partida 3 ª

CAPÍTULO VII

De la defensa y de la vista.

317

Siendo dos ó mas los reos, siempre que pudieren sin inconveniente hacer unidos la defensa, mandará el juez que así lo ejecuten, señalándolas un término prudente, segun lo requiera la calidad del proceso. Si fueren muchos los procesados, y no pudiendo defenderse unidos exigiere la gravedad de las circunstancias que se termine con toda urgencia el proceso, no se entregará á cada uno de los defensores, sino que se les tendrá de manifiesto á todos en el oficio del escribano ó secretario, por un tiempo prudente, señalando á cada defensor las horas que se le concedan para leer el proceso, permitiéndoles que saquen las copias ó apuntes que sean conducentes, y tomando las precauciones necesarias para evitar abusos. Ley 15 de Enero de 1863, art. 190.

318

Concluido el término de prueba, el juez hará saber al procurador del reo ó á su defensor, y á la parte actora, que pueden proceder á tomar apuntes de la causa en el término de tres días, y sin sacarla del oficio: despues de dicho término se verificará la vista pública, en la que pueden alegar los interesados ó sus patronos cuanto les convenga, entendidos que dentro de ocho días se (1) pronunciará el fallo sin necesidad de nueva citación. Ley 5 de Enero de 1857, art. 60.

(1) Siendo el juez letrado; no siéndolo, el término se contará derde que reciba el dictámen del asesor.

319

En el caso de que no se hayan de recibir pruebas, se procederá en los términos prevenidos en el artículo 60. (número anterior.) Ley citada art. 64.

320

La concurrencia á la vista, ya sea en juicio verbal criminal, ó en causa que se siga formalmente por delito grave, es un derecho y no una obligación, y por lo mismo, pueden los interesados renunciarlo expresa ó tácitamente absteniéndose de concurrir, salvo el caso del art. 69 (número 395) de la ley nacional de 5 de Enero de 1857. Ley 1° de Junio de 1872 art. 17.

CAPÍTULO VIII.

De los asesores.—Providencias que deben consultar los jueces legos.

321

......se establece una Asesoría General para consulta de los jueces leges. (1) Ley de 8 de Agosto de 1888, art. 1°

322

Son atribuciones del asesor:—Consultar por riguroso turno las sentencias definitivas y autos interlocutorios con fuerza de tales. Solo podrá dar preferencia al despacho de algunas causas en virtud de acuerdo del Tribunal de Justicia, quien únicamente podrá dictarlo por causas de interés público y pidiendo en caso necesario informe al juez del conocimiento. Ley de 8 de Agosto de 1888, art. 3°, fración I.

323

Cuando el asesor estuviere impedido ó fuere legalmente recusado, la calificacion de la excusa ó recusación se hará por

(1) Se nombrarán jueces legos en los departamentos para los cuales no puedan encontrarse letrados. Ley 21 de Noviembre de 1888, art. 4° Vid. nota L.

el juez letrado más próximo al juez consultante; entendiéndose por tal aquel con quien la comunicación sea más pronta, siendo en ese caso inherente á su condición de juez el carácter de asesor, consultará sobre lo principal si califica procedente la excusa ó recusación. Ley de 8 de Agosto de 1888; artículo 5.º

324

En los lugares en que haya más de un juez letrado, la consulta se hará al del ramo.......y si hubiera más de uno..... al que esté en turno. Ley citada, art. 7.º

325

Si el juez á quien se haya consultado estuviere impedido ó fuese también recusado, el Tribunal de Justicia.......designará el juez letrado que haya de asesorar. Ley citada art. 6.º Véanse los núms. 132, 133, 138, 141, 147, 150, 153. Véase en el apéndice la nota L.

TÍTULO III.

DE LAS SENTENCIAS:

CAPÍTULO I.

Reglas generales.

326

......*interlocutoria*.......quiere tanto dezir, como palabra ó mandamiento del Judgador, que faze sobre alguna dubda que acaesce en el pleyto. Ley 2, título 22, Partida 3.ª

327

......la sentencia que llaman en latín *deffinitiua*, quiere tanto dezir como juyzio acabado, que da en la demanda principal fin, quitando ó condenando al demandado. Ley 2, título 22, Partida 3.ª

328

Si el juez necesitare mayor tiempo para sentenciar (Véase el número 318), lo anotará en la causa, y el Tribunal Superior, al revisarla tendrá presente esta circunstancia, y si encontrare que no ha habido justo motivo para la demora impondrá al juez la multa de que habla el artículo 58 (número 78). De esta providencia no habrá otro recurso que el de súplica sin causar instancia. Por ningún motivo dejará de pronunciarse la sentencia dentro de quince días de terminada la causa. El juez que no lo verificare, incurrirá en responsabilidad que se le exigirá con arreglo á las leyes vigentes. Ley de 5 de Enero de 1857, artículo 60.

329

En toda causa criminal no podrá haber menos de dos instancias, ya sea que se siga de oficio ó por acusación, y que el reo y acusador estén ó no conformes con la sentencia dada en la primera. Ley de 1 º de Junio de 1872, artículo 9 º

330

En ningún negocio podrá haber más de tres instancias y tres sentencias definitivas pronunciadas en ellas. Ley de 15 de Enero de 1863, artículo 178.

331

......seyendo hallada y probada la verdad del fecho por el proceso, en cualquier de las instancias que se viere, sobre que se pueda dar cierta sentencia, que los jueces que conocieren de los pleytos, y los hubieren de librar, los determinen y juzguen según la verdad que hallaren probada en los tales pleytos; y las sentencias que en ellos dieren, por las razones dichas no dexen de ser valederas. Ley 2, título 16, libro 11, Novísima Recopilación.

332

Las sentencias se redactarán exponiendo sencilla, clara y brevemente los puntos de hecho y de derecho á que hayan de referirse, y los principios ó disposiciones legales que les sean aplicables, y contendrán: Primero, el nombre, apellido, profesión, domicilio y cualquiera otra circunstancia que facilite el conocimiento de las partes. Segundo, el carácter con que éstos litigan. Tercero, los nombres de sus abogados. Cuarto, las pretensiones respectivas. Quinto, las cuestiones de hecho y de derecho que......el juez (ó tribunal) considerare. Sexto, la resolución definitiva. Ley de 15 de Enero de 1863, artículo 200.

333

Sentenciada la causa se hará saber el fallo al reo y á la parte interesada; mas si ésta no pudiere comparecer en el término de 24 horas, se copiará dicho fallo en un libro de sentencias que debe haber en todos los Juzgados, y se remitirá sin demora la causa al superior......expresándose en ella lo que los interesados hayan contestado, y sin sustanciar el recurso de apelación que cualquiera de ellos puede interponer. Ley de 5 de Enero de 1857, artículo 61.

334

Las sentencias......(1) se remitirán al Tribunal Superior para ser vistas en segunda instancia, ya sea que el reo se conforme ó no con ellas. Ley de 15 de Enero de 1863, artículo 127.

CAPITULO II.

De la aclaración de sentencia y revocación de resoluciones.

335

Cierto e dereruchero......exatada e escodriñada e sabida, la verdad del fecho, deue ser dado todo juyzio, mayormente aquel que dizen sentencia definitiva: por que tal juyzio como este, pues que vna vez lo ouiere bien ó mal judgado, non lo puede toller, nin mudar aquel juez que lo judgo......Pero si el judgador ouiesse dado juyzio acabado sobre la cosa prin-

---

(1) Las sentencias que pronuncien los jueces departamentales ó los que hagan sus veces.

cipal, e non ouiesse fablado, en aquel juyzio, de los frutos, e
dé la renta della; ó non ouiesse condenado en las costas o si
por auentura ouiesse judgado en razon destas cosas, mas ó
menos que non deuiesse, bien puede todo judgador enmendar, é enderezar su juyzio en razon dellas, en la manera que
entendiere que lo deue fazer segun derecho. E esto ha de
fazer tan solamente en aquel dia en que dio la sentencia, ca
despues que non lo podria fazer: como quier que las palabras
de su juyzio bien las puede mudar despues e poner otras
mas apuestas; non camiando la fuerza, ni el entendimiento
del juyzio que diera. Ley 3, título 22, Partida 3.ª

CAPÍTULO III.

Nulidades de las resoluciones. (1)

336

......queremos dezir, en cuantas maneras el juyzio non es
valedero, por razon de la persona del judgador o por que lo
da de otra guisa que non deue: e por razón de su persona
seria. quando aquel que diesse el juyzio, fuese atal ome, a
quien defendiessen las leyes......que non deue judgar......
Esso mismo, dezimos que seria si alguno judgasse, non le
seyendo otorgado poderío de lo fazer. E otrosi seria dado el
juyzio como non deuia, quando el judgador lo diesse......non
lo faziendo escriuir...... o si el juyzio fuesse contra natura,
o contra el derecho de las leyes......o contra buenas costum-
bres......ó si fuesse dado juyzio contra otro, non seyendo
emplazado primeramente; que lo viniesse á oyr......o si el
judgador diesse juyzio estando assentado en tierra fuera de
su jurisdiccion, en que non ouiesse poderio de judgar; o si
fuesse dado en el tiempo que es defendido, que non deue judgar o si fuesse dado el juyzio en lugar desconuiniente. así co-

(1) *La nulidad puede ser de tres especies: la una consistente en la falta de
algún requisito substancial que destruye ó hace nulo el juicio «ipso jure;» ó en
virtud del uso de alguna excepción legítima; otra que solo estorba el progreso
de la causa; y otra que solamente vicia algunas actuaciones que admiten posteriormente enmienda, sin necesidad de reponer las siguientes al estado en que
aquellos debieron practicarse.»—Roa Bárcena, Manual de Práctica Criminal.—
La violación se reclama antes de pronunciarse la sentencia; la que causa esta
ó es causa después de pronunciada, se reclama en la instancia siguiente por vía
de agravio.*

mo en tauuerna, o en otro lugar que fuese desaguisado para judgar......Ca por cualquier destas razones, que fuesse dado juyzio, non seria valedero. Esso mismo dezimos, que si el juyzio fuesse dado contra menor......o contra loco o desmemoriado, non estando su guardador delante que lo defendiesse. Ley 12, título 22, Partida 3.ª

337

Si el juyzio fuesse dado contra alguno, de que ninguna de las partes non se alzassen, e despues mouiessen aquellas mismas partes, otra vez, el pleyto sobre aquella cosa misma, e en aquella manera, e diessen otro juyzio contra el primero, decimos que non vale el segundo. Ley 13, título y Partida citados.

338

So condicion non deuen los judgadores dar sus juyzios, ó si por auentura los diessen, e la parte contra quien fuessen dados se alzasse, por tal razon como esta lo podría revocar el juez del alzada. Ley 14, título y Partida citados.

339

Apremian a las vegadas los judgadores a los demandados, que respondan antellos, maguer sean de otra jurisdiccion sobre que non hayan poderio de judgar. E en tal caso como este dezimos, que todo juyzio que fuere dado en tal manera, que non sea valedero. Esso mismo seria, quando las partes yerran, tomando algun judgador que non ha poderio sobre ellos de judgar, cuydando que lo puede fazer. Ca el juyzio que fuesse dado en esta razón, non valdría. Ley 15. título y Partida citados.

340

Otrosi dezimos, que non es valedero el juyzio, que es dado contra alguno despues que muere......fueras ende......en razon de...... sus bienes. Ley 15, título y Partida citados.

341

Otrosi dezimos, que non deue valer el juyzio. que es dado

sobre alguna cosa, ante que sea fecha demanda, o respuesta. sobre ella. Ley 15 título y Partida citados.

342

Esso mismo dezimos, del juyzio que diesse el judgador, non sabiendo la verdad del pleyto, si despues la quisiesse saber, o pesquerir; que non deue valer. Ca ordenadamente, segun que mandan las leyes......deue el judgador andar por el pleyto, e escodriñar, e saber la verdad, lo mejor que pudiere: e en cabo dar un jnyzio, assi como entendiere que lo deue fazer. Ley 15. título y Partida citados.

343

Otrosi non es valedero el juyzio, en que non es dado el demandado por quito, o por vencido. Ca estas palabras, o otras semejantes dellas, deuen ser puestas en todo juyzio afinado, segun que conuiniere a la demanda. Ley 15, título y Partida citados.

344

Afincadamente deue catar el judgador, que cosa es aquella sobre que contienden las partes antel en juyzio; e otrosi en que manera fazen la demanda; e sobre todo, que aueriguamiento o que prueua es fecha sobre ella e estonce deue dar juicio sobre aquella cosa. Ley 16, título y Partida citados.

345

Afinado juyzio que da el judgador entre las partes derechamente......ha marauillosamente gran fuerza: que dende adelante son tenudos los contendores, e sus herederos, de estar por él. (1) Esso mismo dezimos, si se alzasse alguna de las partes, e fuere despues el juyzio confirmado, por sentencia, de aquel Mayoral que lo puede fazer. Ley 19, título y Partida citados.

346

Guisada cosa es, e derecha, que el juyzio que fuere dado contra alguno. non empezca á otro......Otrosi dezimos, que

(1) Siendo la sentencia dictada por un alcalde rural ó juez menor en ejercicio de jurisdicción propia. Las que dictan los jueces departamentales tienen 2.ª instancia.

seyendo alguno acusado por razon de yerro que ouiesse fecho, si este atal fuere dado por quito en juyzio, e otro alguno le quisiere despues acusar sobre aquel mismo yerro, non lo podria fazer. Ley 20, título y Partida citados.

347

Otrosi dezimos, que si alguno fuere dado por quito de la acusacion que farian del por razon de adulterio, que de tal juyzio como este se puede aprouechar aquella muger con quien dezin que lo fiziera, de manera que si despues la quisieren acusar de aquel adulterio, non seria tenuda de responder, amparándose con aquel juyzio que fué dado por el varon. Ley 21, título y Partida citados.

348

Non ha fuerza de juyzio toda palabra o mandamiento, que el juez faga en los pleytos........Otrosi dezimos, que quando el juez ouiere dado su juyzio afinado, e despues face algun otro mandamiento, por que desate o cambie lo que el mismo assi judgo: tal mandamiento como este non ha fuerza de juyzio, nin se desfaze por y el primero. Ley 22, título y Partida citados.

349

......establecemos,.......asi en primera instancia como en segunda ó tercera, que si la........acusación paresciere asentada en el proceso, aunque, no sea dada por la parte en escrito, ó faltare en la demanda el pedimento, ó alguna de las cosas que en la demanda deben de ser puestas según la sutileza del derecho, ó que non se haya fecho juramento de calumnia, estando pedido por la parte una vez solamente, ó que la sentencia no fué leida por el alcalde (juez) ó que desfallecen las otras solemnidades y substancias de la orden de los juicios que los derechos mandan ó alguna dellas; conteniéndose todavía en la demanda la cosa que el......acusador entendió pedir, seyendo hallada y probada la verdad del fecho por el proceso, en qualquier de las instancias que se viere, sobre que se pueda dar cierta sentencia, que los jueces que conoscieren de los pleytos, y los hobieren de librar, los determinen y juzguen según la verdad que hallaren probada en tales pleytos; y las sentencias que en ellos dieren, por las razones dichas, no dexen de ser valederas,......pero si......las cosas que fueren de substancia del juyzio, y la parte pidiere, declarándolas, que la otra parte las guarde, y no quisiere, seyéndole mandado, y lo mismo en no *jurar* de calumnia, seyéndole pedido y mandado dos veces; que entonces sentenciado el juez sin se fazer lo suso dicho, sea habido por ninguno, y el juez condenado en costas. Ley 2, título 16, libro 11. Novísima Recopilación.

350

Por quanto nos fué pedido que de relatar los Escribanos los procesos á los jueces, para los sentenciar, hay muy grandes inconvenientes, mandamos, que los dichos jueces no tengan Relatores, sino que vean por si los procesos; y que quando ellos lo hubieren de hacer, sea en presencia de las partes. Ley 3, título y libro citados.

351

......las sentencias de pena capital, se ejecutarán en el témino de tres días. Ley de 15 de Enero de 1863, art. 194.

CAPÍTULO IV.

De la restitucion **in integrum.**

352

Restitutio, en latín, tanto quiere dezir, en romance, como demanda de entrega que faze el menor al juez, que le torne algún pleyto......que ha fecho con otro á daño de sí, en el estado primero que antes estaua, e que revoque el juyzio que fuesse dado contra el, e tome el pleyto en el estado en que era ante que lo diesse. Ley 1.ª, título 19, Partida 6.ª

353

Conosciendo, o negando en juyzio, el menor, o su guardador, o su abogado, alguna cosa por que menoscabase, o per-

diesse de su derecho; o dejando de poner defensión, o otra
razon de que se pudiesse aprovechar; puede demandar al juez,
que teme el pleyto en el estado en que era ante, e que non
se le embargue su derecho por ninguna destas razones sobre-
dichas; e el juez deuelo fazer. Ley 1ª, título 19, Part. 6ª

354

Restitutio, en latín tanto quiere dezir en romance, como
tomar las cosas en aquel estado on que eran, en ante que
fuesse dado el juyzio sobre ellas. E nasce della gran pro,
ca quebranta los juyzios que son dados contra los menores,
maguer non fuesse tomada alzada dellos, e pueden sus guardadores, e sus bozeros, razonar el pleyto como de primero, ó
revocar los yerros que fuessen fechos en los pleytos sobre que
eran dados los juyzios......si los menores por si comenzassen
pleyto, ó fuesse dado juyzio contre ellos, non estando su
guardador delante non valdrie la sentencia que fuesse dada
en daño dellos: E porende non seria menester desatarla por
restitución. Ley 1ª, título 25. Partida 3ª

355

Demandar pueden los guardadores, entrega del juyzio que
fuesse dado contra los menores, o ellos mismos estando sus
guardadores delante. Esso mismo puede fazer su personero,
auiendo señalado mandato para esto. E la demanda deue ser
fecha en esta manera; estando delante su contendor, o seyendo aplazado aquel contra quien demandan la restitución. E
otrossi, quando la restitución otorgaren al menor, o a su
guardador, o el su personero, sobre alguna cosa del pleyto, o
sobre todo juyzio; essa misma deuen fazer, e otorgar á su
contendor, e tornar el pleyto en aquel estado en que ante
era......Otrossi dezimos, que mientra durare el pleyto de la
restitución, que non deue ser fecho en el ninguna cosa nueva: e aun dezimos, que de aquel los juyzios pueden demandar los menores entrega, que fuessen dados contra ellos......,
en tiempo que fuessen de menor edad. Ca maguer el pleyto
fuesse comenzado a la sazon que ellos eran menores, si el
juyzio diessen despues en tiempo que ellos fuessen de edad
cumplida, entonce el juizio non se puede desatar por mane-

ra de restitucion, como quier que se puedan alzar del, si quisieren. Ley 2, título 25, Partida 3 ª.

356

Delante de aquel mismo judgador que dió el juyzio contra los menores, o delante de su mayoral, puede ser fecha demanda que se desate, por manera de restitucion e pueden demandar los menores esta restitución en todo el tiempo de la menor edad......e deuenla otorgar los juezes, quando los menores muestran, o prueuan que les fue fecho engaño en el pleyto o en el juizio o que por liuiandad, o por yerro, conoscio, o nego el menor alguna cosa que fuesse á su daño, o si por auentura sus abogados non mostraron las razones tan cumplidamente como deuieran; o han algunas cartas o testigos, que fallaron de nuevo, con que pueden mejorar su pleyto; o quieren mostrar leyes......que son a su pro, o son contrarias al juizio de que han querella. Ca si ninguna destas razones non mostraren los menores, o sus guardadores, non se pueden desatar los juyzios que fuessen dados contra ellos. Ley 3, título 25, Partida 3 ª.

357

Ordenamos y mandamos, que si por parte de los menores ......se pidiere restitucion en la primera instancia para poner sus excepciones nuevas, que una vez tan solamente le sea otorgada la restitucion, con tanto que la pidan ántes de la conclusion para definitiva; y que por la misma sentencia le sea denegada otra restitucion. Ley 1 ª, título 13, libro 11 Novísima Recopilación, ó 5 ª, título 5 º, libro 4, R.

358

Mandamos que si algunas personas......que pueden pedir restitucion la pidieren en primera instancia, fecha publicacion de probanzas, para alegar nueva excepcion, non les sea otorgada, sin que primeramente se obliguen de pagar cierta pena si no la probaren......la qual pena mandamos, que sea constituida y declarada......considerando la calidad de la causa y de las personas y de las circunstancias, según que viene.

14

Ley 2, título 13, libro 11, Novísima Recopilación, ó Ley 6, título 5, libro 4, R.

359

......ordenamos y mandamos, que si qualquiera de las partes, pidiere en la primera instancia restitución *in intregum* para hacer su probanza, por ser en caso que haya lugar de pedir restitucion......que agora haya hecho probanza o no, se le conceda y otorgue, pidiendola dentro de quince dias despues de la publicacion; tanto que no exceda el término que le dieren para hacer la tal probanza por vía de restitucion, de la mitad del termino que se dió primero para hacer la probanza principal......y que en la misma sentencia que se le otorgare, se le deniegue otra restitucion; y que se le ponga pena (*si no rindiere la prueba*)......la qual dicha pena luego deposite el que asi pidiere la dicha restitucion; y que del término que se diere por restitucion goce la otra parte, si quisiere, y pueda hacer su probanza, según y como lo puede hacer la parte á quien fuere otorgada la restitucion: y no depositando luego la dicha pena, mandamos, que no se reciban ni hayan efecto los autos porque se pone: y por que, depositándose, mas ligeramente se pueda executar contra los que en ella cayeren. (Ley 3, título 13, libro 11, Novísima Recopilación, ó Ley 3, título 8, libro 4, R.

360

Si despues de recibido el pleyto á prueba en la segunda instancia, la parte no hiciere su probanza en el termino asignado, y pidiere restitucion *in integrum*, y fuere......de las personas que gozan de beneficio de restitucion, que le sea otorgada; *jurando* que no la pide por malicia, y que cree y entiende probar lo que así alega, y que le sea dado la mitad del término tan solamente que le fué asignado en la primera instancia; con la pena que le paresciere á los...... oidores, y no en otra manera: y que diga en la misma sentencia, que le deniegan otra restitucion: y que esta restitucion se otorgue, seyendo pedida dentro de quince dias despues de la publicacion, segun y como está ordenado en la primera instancia. Es parte de la ley 5, título 9, libro 4, R. y Ley 4, título 13 libro 11, Novísima Recopilación.

CAPÍTULO V.

De la sentencia ejecutoriada (1) y ejecución de las sentencias·

361

Otrosi dezimos, que la cosa que es judgada por sentencia de que se non pueden alzar, que la deuen tener por verdad. Regla 33, título 34, Partida 3

362

El segundo fallo en juicio verbal causa ejecutoria. (2) Ley de 1 $^{\circ}$ de Junio de 1872, art. 5 $^{\circ}$

363

La sentencia de segunda instancia causará ejecutoria, si fuere conforme de toda conformidad con la de primera, ó las partes consintieren en ella. (3) Ley citada, art. 10.

364

(En toda apelación de auto interlocutorio) el fallo de la sala causa ejecutoria. Ley citada, art. 14.

365

Los fallos definitivos que los juzgados de primera instancia pronunciaren en juicio verbal por delitos leves, no se ejecutarán sin la prévia revisión del Tribunal de Justicia; pero si la pena impuesta fuere la de prisión (arresto).........y transcurrire el término designado sin que los jueces hayan recibido la resolución superior, pondrán desde luego en libertad á los reos, dejándolos á derecho. Ley 1 $^{\circ}$ de Junio de 1872, art. 1 $^{\circ}$

---

(1) Los fallos que dicten los alcaldes rurales y jueces menores, en causas de su competencia, causan ejecutoria, según el art. 21 de la ley de 15 de Enero de 1863 que dice: "El fallo de los juicios verbales y de sus incidentes, no admite otro recurso que el de responsabilidad contra los jueces ó sus asesores.

(2) En causas de la competencia de los jueces departamentales. En las de la de los jueces menores y alcaldes rurales, causa ejecutoria el primer fallo.

(3) Excepto en el caso del número 403. Vid. núm. 366.

366

Cuando la sentencia de segunda instancia fuere conforme de toda conformidad con la de primera, causará ejecutoria ......sin que pueda decirse opuesta á esta conformidad, ni la condenación de costas personales, ni cualquiera otra demostración que no altere la resolución del negocio. Ley 15 de Enero de 1863, art. 145.

367

Los juicios verbales en materia criminal y las causas fenecidas, se depositarán en el archivo del Tribunal de Justicia, no debiendo existir en los juzgados inferiores más que las ejecutorias que se libraren por la superioridad. Ley 1 ⁰ de Junio de 1872, art. 18.

368

......las sentencias de pena capital se ejecutarán en el término de tres días. Ley de 15 de Enero de 1863, art. 194.

CAPITULO VI.

De la revisión de las resoluciones.

369

Los jueces de primera instancia remitirán al superior Tribunal de Justicia las sentencias que pronuncien en juicio verbal para su revisión. Ley de 15 de Enero de 1863, artículo 118.

370

Todo auto de sobreseimiento y cualquiera causa que formalmente se siguiere, deberán remitirse al superior......para su revisión. Ley de 5 de Enero de 1857, art. 62.

371

La revisión no solo tendrá por objeto averiguar si el juez infringió alguna ley para exigirle la responsabilidad, sino tambien el de aprobar, reformar ó variar la sentencia que aquel hubiese pronunciado, sea que el reo esté ó no conforme con ella. Ley de 1 ? de Junio de 1872, art. 2 ?

372

La revisión de un sobreseimiento.....se hará de plano por la sala en turno del Tribunal de Justicia, la cual lo aprobará ó revocará según convenga, sin citación para la vista ni otro trámite. La resolución de la sala se ejecutará desde luego sin ulterior recurso. Ley citada art. 8 ?

373

La sala revisora procederá sin mas trámite á la vista del juicio (1) en cuyo acto podrá el reo, si estuviere libre, ó en caso contrario el defensor que nombrare, alegar verbalmente cuanto á su defensa convenga, lo que se consignará en el acta respectiva. Ley citada art. 3 ?

374

.......mandará subsanar de oficio los defectos que note en las causas al tiempo de la vista, cuando aquellos impidan la averiguación de la verdad. Ley de 15 de Enero de 1863, art. 182.

375

Si al tiempo de la vista el magistrado juzgare necesaria la práctica de alguna diligencia para el esclarecimiento de los hechos, la decretará desde luego, y practicada fallará en definitiva sin más trámite, dentro del perentorio término de ocho días. Tambien fallará dentro de igual término de concluida la vista, en caso de no ser necesaria la práctica de diligencia alguna. Ley de 1 ? de Junio de 1872, art.4 ?

376

Si al revisar estos juicios (los verbales) el magistrado encontrare que el juez inferior ha cometido una falta leve, la

(1) Del juicio que ha terminado por sentencia definitiva en la primera instáncia.

corregirá de plano en los términos establecidos en el artículo 187 (número 94 de esta Recopilación) de la ley de 15 de Enero de 1863, más si la falta fuere grave ó importare un verdadero delito, le instruirá la causa correspondiente, obrando de conformidad con el artículo 152 de la misma ley (número 451). Ley de 1.º de Junio de 1872, art. 6.º

377

Si el reo y acusador, ó solo el primero en las causas de oficio estuvieren conformes con la sentencia dada en primera instancia, la sala en turno practicará la segunda sin más trámite que la citación para la vista, en cuyo acto podrán los interesados exponer de palabra cuanto creyeren conveniente, de lo que se hará mención en el acta respectiva. Si el reo no pudiere concurrir personalmente, podrá nombrar defensor que lo haga en su nombre; y si notificado no tuviere persona en quien hacer el nombramiento; se le nombrará de oficio. Id. art. 13.

LIBRO TERCERO

DE LOS RECURSOS

TÍTULO I.

De la apelación.—Denegada apelación.—Súplica.—Denegada suplicación—Responsabilidad.

CAPITULO I.

De la apelación.

378

De todo juyzio afinado se puede alzar qualquier que se tuuiese por agrauiado. Mas de otro mandamiento, ó juyzio, que fiziesse el judgador, andando por el pleyto, ante que diesse sentencia definitiua sobre el principal, non se puede ni deue ninguno alzar. Fueras ende cuando el judgador mandasse por juyzio.......fazer alguna otra cosa, tocziteramente, que fuesse de tal natura, que seyendo acabado, non se podria despues ligeramente enmendar, á menos de gran daño, ó de gran vergüenza, de aquel que se tuuiesse por agrauiado della. Ley 13, título 23 Partida 3.ª

379

Teniendose por agrauiado alguna de las partes, del juyzio que diessen contra ella, non tan solamente se puede alzar de todo, mas aun de alguna partida del, si se quisiere. Pero esto se deue entender, quando la demanda fuesse fecha sobre muchas cosas: e el judgador le diesse en las vnas por quito, e en las otras por venzido. Ca de aquellas que le diesse por venzido, bien se puede alzar, e valdra el juyzio quanto en las otras, de que non se alzara. Ley 14, título y Partidas citadas.

380

Luego que fuere dado el juyzio contra alguno, se puede alzar, diziendo por palabra. Alzome......Mas si estonze, luego que fué dado el juyzio non se alzasse, non lo podría despues fazer por palabra, ante lo debe fazer por escrito. Ley 22, título 23, Partida 3 ª

381

El término para apelar de sentencia interlocutoria que traiga gravamen irreparable en la definitiva, será el de tres días, y sustanciando el artículo se determinará conforme á las leyes. Ley de 15 de Enero de 1863, artículo 70.

382

......dende en adelante, la sentencia (1) ó mandamiento quede firme. Ley 1 ª, título 20, libro 11, Novísima Recopilación.

383

......mandamos, que quando el......juez diere sentencia, si quier sea juicio acabado......aquel que se tuviere por agraviado, puede apelar hasta cinco dias, desde el dia que fuere dada la sentencia ó recibido el agravio, y viniere á su noticia......y en el dicho dia quinto mandamos que sea contado el dia que fuere dada la sentencia, ó hecho el agravio. Ley, título y libro citados.

384

Establecemos que de las sentencias interlocutorias no haya alzada......salvo si fuesen dadas sobre defensión perentoria, ó sobre algún artículo que haya perjuicio en el pleito principal. Ley 23, título y libro citados.

(1) Interlocutoria.

385

En el tiempo de los plazos, que los omes han para alzarse ó para seguir sus alzadas, también deuen y ser contados los dias feriados como los otros. Ley 24, título 23, Partida 3.ª

386

Mesurados deuen ser en sus palabras aquellos que se alzaren, de manera que maguer se tengan por *grauiados de lo que judgaren alcaldes (jueces), que no yerren contra ellos, razonándolos mal, é diziéndoles que judgaron tuerto ó denostándoles de otra guisa. Ley 26, título 23, Partida 3.ª

387

Si la sentencia fué dada contra la persona de aquel que se alzo, e non contra sus bienes señaladamente, acabase la alzada e rematase el pleyto por la muerte......del acusado. Ley 28, título y Partida citados.

388

Admitida la apelación y remitidos los autos al Tribunal, éste los pasará á la Sala en turno. Ley de 15 de Enero de 1863, art. 139.

389

En toda apelación de auto interlocutorio......que por causar gravamen irreparable en la sentencia definitiva, fuese admitida conforme á derecho, la Sala en turno fallará sin más sustanciación que las diligencias practicadas por el inferior y los alegatos verbales al tiempo de la vista, si el reo ó su defensor concurriere á ella; mas si el auto apelado fuere el de prisión formal, los alegatos tendrán lugar en el momento mismo de terminada la vista que el magistrado practicará con asistencia de solo el secretario, puesto que el sumario es por su naturaleza reservado. Ley de 1.º de Junio de 1872, artículo 14.

390

Si la causa viniere á la Sala en turno en grado de apelación, el magistrado la pasará al apelante para que dentro de seis dias exprese agravios (1): dará en seguida traslado por igual término á la parte contraria, si la hubiere, para que conteste; y con estos dos escritos ó con solo el del reo por falta del acusador, si no hubiere necesidad de prueba citará para la vista y pronunciará el fallo cuando más tarde dentro de quince dias. Pero si el reo ó su acusador pretendiesen comprobar sus derechos, abrirá el juicio á prueba por un término breve, atentas las circunstancias del caso, pudiendo prorrogarlo hasta por cuarenta días; y concluido, dará traslado por tres días al apelante, y después á la contraria, en caso de haberla, para alegar de bien probado, citará para la vista y fallará en los términos antes expresados. Ley citada, artículo 11.

391

Si las pruebas, en el caso del artículo anterior, hubieren de rendirse dentro ó fuera de la República, pero á tan larga distancia que no sean suficientes los cuarenta dias expresados, el magistrado podrá prorogarlos por el tiempo que crea necesario no pudiendo pasar de seis meses, siempre que el interesado pida la próroga antes de expirar el primer término concedido, designando con precisión los testigos que quiera sean examinados, ó los documentos que tenga que recabar, obligándose á satisfacer una multa de cien á quinientos pesos, ó á sufrir de dos á seis meses de prisión (*arresto*), en caso de no presentar las pruebas dentro del término dicho. Ley citada, art. 12.

392

Cuando á juicio del tribunal no hubiere diligencias substanciales que practicar, señalará el dia para la vista del proceso, y con ella y los informes de las partes, si los hubiere se sentenciará la causa. Ley 5 de Enero de 1857, art. 68.

393

Para la vista se citará á las partes, y concluida la lectura de los autos (*proceso*) se concederá á las partes la palabra ó á

---

(1) Dentro de ese término podrá pedir el defensor que se reciba alguna prueba de las que, según las leyes, son admisibles en 2 ª instancia. Ley de 5 de Enero de 1857, artículo 66.

los abogados que las defiendan, para que aleguen lo que á su derecho corresponda, dejando en la secretaría el apuntamiento de las doctrinas ó leyes para hacer constar en el acta que de este acto debe levantarse. Ley 15 de Enero de 1863, art. 143.

394

Tanto en primera como en segunda instancia se consignarán en el proceso los puntos principales de la defensa del reo, si el defensor no la hace por escrito. Ley de 5 de Enero de 1857, art. 68.

395

Cuando en primera instancia hubiese sido impuesta al reo la pena capital, no se dará por terminada la vista, mientras no hubiere quien informe á favor del mismo reo. Ley citada art. 69.

CAPÍTULO II.

De la súplica.

396

La audiencia (sala), en las sentencias......que diere en grado de vista, no mande que se ejecuten sin embargo ni quite á las partes el remedio de la suplicación en caso alguno, salvo en aquellos que por expresa disposición de ley está ordenado que no haya suplicación, y que se ejecute lo prevenido por sentencia ó auto de vista. (1) Real Cédula de 20 de Junio de 1661.

397

La súplica se interpondrá en los mismos términos que la apelación en primera (*instancia*,) y tratándose de sentencia interlocutoria, se observará lo prevenido en el artículo 70 (número 381.) Ley de 15 de Enero de 1863, art. 146.

398

El procedimiento en la tercera instancia será, según el caso, de entera conformidad con lo que previenen para la

(1) Véanse los números 399, 402 y 403.

segunda los artículos 11, 12 y 13 (números 377, 390 y 391.) Ley de 1.º de Junio de 1872, art. 15.

399

En la sentencia.......en que se pronunciasen por jueces ó no jueces (*competencia*) no haya suplicación. Ley 7.ª, título 21, libro 11, Novísima Recopilación.

400

Podrá recibirse á prueba el negocio en su caso y conforme á las leyes. (1) Ley de 15 Enero de 1863, art. 148.

401

Podrán admitirse alegatos por escrito prévia publicación de probanzas en el órden establecido, mandándose en seguida dar cuenta, citadas las partes. La sentencia se pronunciará dentro de quince dias. Id. art. 149.

402

Habrá lugar al recurso de súplica, siempre que la segunda sentencia no sea conforme de toda conformidad con la de primera instancia. Id. art. 144.

403

......si fuere condenatoria y de más de cuatro años de reclusión......ó impusiere al reo alguna otra pena mayor, tendrá lugar la tercera instancia, aunque no se suplique. Ley de 1.º de Junio de 1872, art. 10.

CAPÍTULO III

De la apelación denegada y de la denegada suplicación.

404

Si se declara sin lugar el recurso (apelación) puede la parte interponer el de denegada apelación, que se seguirá y de-

(1) Véanse los números 390 y 391.

terminará conforme á la ley de 18 de Marzo de 1840. (1) Ley de 15 Enero de 1863, art. 71,

405

Siempre que el juez de primera instancia niegue la apelación, la parte que se sienta agraviada podrá usar del recurso de manifestarlo verbalmente en el acto de la notificación, ó por escrito dentro de tres dias contados desde la fecha de ésta, y el juez le expedirá á más tardar dentro de tercero dia, un certificado suscrito por él mismo y el escribano ó testigos de asistencia, en que despues de dar una idea breve y clara de la materia sobre que se verse el juicio, de su naturaleza y estado y del punto sobre que recayó el auto apelado, se insertará éste á la letra y á continuación el otro de que se haya declarado inapelable. Ley de 18 de Marzo de 1840, art. 1 ?

406

Con este documento se presentará el interesado al Tribunal superior dentro del preciso término de tres dias útiles, contados desde la fecha de aquel, si el juez de primera instancia residiere en la capital......y si es foráneo, dentro del que éste señale prudentemente según las distancias, y exprese al fin de dicho certificado; de todo lo cual quedará razón en los autos. Ley citada, art. 2 ?

407

Presentándose el interesado en tiempo y forma al Tribunal superior, librará éste su despacho ó compulsorio, para que se le remita......en testimonio lo que las partes señalen como conducente, sin perjuicio de que el juez inferior continúe bajo su responsabilidad los procedimientos del juicio. Id. art. 3 ?

408

Solo se podrán pedir las actuaciones cuando por el certificado aparezca que la sentencia es definitiva, ó interlocutoria con gravamen irreparable; más estando la causa en su-

(1) Números 405 á 414.

mario, nunca se exigirá que esta se remita original, sino hasta que aquel se concluya, á cuyo efecto la sala revisora prefijará un término breve segun las circunstancias. Id. art. 11.

409

El Tribunal superior se limitará á decidir por las constancias de autos, sobre la calificación del grado hecha por el juez inferior, y lo verificará sin falta dentro de los quince dias siguientes al en que reciba aquellas sin otro recurso ulterior que el de responsabilidad. Ley de 18 de Marzo de 1840, art. 6.º

410

Cuando alguna de las salas del Tribunal superior declare sin lugar la súplica que se le interponga, la parte que se sienta agraviada podrá ocurrir á la otra sala á quien toque conocer en la instancia siguiente en grado, y esta podrá pedir los autos (causa) en los mismos casos y modos que van establecidos respecto del recurso de denegada apelación. Id. art. 7.º

411

Fuera de aquellos casos no se podrá usar de tal facultad, ni cuando se suplique de fallos pronunciados sobre competencias de jurisdicción.......y de sentencias dadas en tercera instancia. Id. art. 8.º

412

La parte que quiera interponer el recurso de denegada suplicación, lo anunciará á la sala que haya calificado el grado, dentro de dos dias útiles, contados desde el de la notificación. Se le dará dentro de igual término, por el Secretario á quien corresponda, un certificado respectivamente igual al que deben expedir los jueces inferiores en el caso de denegada apelación, y con este documento se presentará dentro de dos dias útiles siguientes de la fecha de aquel, á la sala revisora- Id. art. 9.º

413

Esta decidirá en la misma audiencia si se halla ó nó en el caso de pedir los autos (causa), y resolviendo por el primer extremo, se le remitirán sin demora, para que dentro de ocho dias contados desde que los reciba, falle por lo que aparezca de las constancias de ellos sobre la calificación del grado, sin resolver sobre el auto suplicado. Id. art. 10 °.

414

La simple interposición del recurso de denegada apelación ó súplica, no suspenderá los procedimientos del juez inferior ó sala respectiva, sino hasta el momento en que aquel ó éste reciba el recado correspondiente para que remita los autos (causa) originales; pero en todo caso la sala revisora proveerá de oficio lo que convenga en justicia para reprimir la malicia de los litigantes, de sus abogados y procuradores y muy principalmente los abusos y excesos que cometan los jueces, escribanos y demás subalternos. En el caso de que tales abusos y excesos se cometan por alguna de las salas del Tribunal superior, la revisora remitirá tambien de oficio, testimonio de lo conducente al que corresponda juzgarla. Ley de 18 de Marzo de 1840, art. 13.

415

Los ministros de la sala que no cumplan con lo prevenido en el artículo precedente, sufrirán por este solo hecho, la pena de suspensión de empleo por un año, sin perjuicio de las demás en que resulten incursos según las leyes, y en general todos los ministros del Tribunal superior y jueces de primera instancia, perderán la parte de sus sueldos que respectivamente corresponda á cada uno de los días que demoren el despacho de las causas........traspasando los términos que van prefijados.. Id. art. 14.

TITULO II.

DE LAS RESPONSABILIDADES.

CAPÍTULO I.

Reglas generales.

416

La responsabilidad por delito ó faltas oficiales, solo podrá exigirse durante el período en que el funcionario ejerce su encargo y un año después. Constitución política del Estado, artículo 110.

417

Los tribunales superiores y los jueces serán responsables de las faltas que cometan en el servicio sus respectivos inferiores y subalternos, si por omisión ó tolerancia dieren lugar á ellas ó dejasen de imponer inmediatamente para corregirlos, el oportuno remedio. Ley de 24 de Marzo de 1813, artículo 13, capítulo I.

418

En consecuencia, todo tribunal superior que dos veces haya reprendido ó corregido á un juez inferior por sus abusos, lentitud ó desaciertos, no lo hará por tercera, sino mandando al mismo tiempo que se forme contra él la correspondiente causa para suspenderlo ó separarlo, si lo mereciese. (1) Pero también cuidarán los tribunales de no incomodar á los jueces inferiores con multas, apercibimientos, ni otras condenas por errores de opinión en casos dudosos, ni por leves y excusables descuidos, les tratarán con el decoro que merece su clase, y no podrán dejar de oírles en justicia, suspendiendo la reprensión ó corrección que así les impongan, siempre que representen sobre ello. Ley de 24 de Marzo de 1813, capítulo I, artículo 14.

419

Por regla general, aunque un juicio que ha tenido todas las instancias que le corresponden por la ley, debe considerarse irrevocablemente fenecido por la última sentencia...... los agraviados tendrán siempre expedita su acción para acusar al magistrado ó juez que haya contravenido á las obligaciones de su cargo; y en este nuevo juicio no se tratará de abrir el anterior sino únicamente de calificar si es ó no cierto el delito del juez ó magistrado, para imponerle la pena que merezca. Ley de 24 de Marzo de 1813, artículo 20, capítulo I.

(1) Vid. artículo 1,051 del Código Penal.

420

Los magistrados y jueces cuando cometan alguno de los delitos de que tratan los seis primeros artículos (1) podrán ser acusados por cualquiera...... á quien la ley no prohiba este derecho. En los demás casos, no podrán acusarles sino las partes agraviadas. Ley citada, capítulo I, artículo 21.

421

Los magistrados del Tribunal......de Justicia en todos los delitos relativos al desempeño de su oficio, no serán acusados sino ante las Cortes (El Congreso). Ley y capítulo citados, artículo 22. (2)

422

Los jefes políticos y jueces de primera instancia de los departamentos del Estado son responsables por los delitos comunes que cometan mientras ejerzan su encargo, y por los delitos, faltas ú omisiones en que incurran en el ejercicio de sus funciones. Ley de 24 de Diciembre de 1888, art. 1.º

423

Siempre que se trate de alguno de los funcionarios que expresa el artículo anterior, si el delito fuere común y el inculpado jefe político, el Gobernador del Estado hará la consignación respectiva, y el Tribunal Superior de Justicia en acuerdo pleno, cuando aquel sea juez de primera instancia: en uno y otro caso, ambos poderes cuidarán de llenar conforme á la ley las vacantes que resulten. Ley de 24 de Diciembre de 1888, artículo 2.º

424

Acordada la consignación, el inculpado queda, por el mismo hecho, separado de su encargo y sujeto á la acción del tribunal que de la causa conozca. Ley citada, artículo 3.º

---

(1) Cohecho, soborno ó prevaricato. Se suprimen los artículos citados en el texto, porque el Código Penal, título XI, capítulos IV y VI los ha derogado.

(2) Vide, números 121 y 123.

425

De los delitos, faltas ú omisiones oficiales en que incurran los jefes políticos y jueces de primera instancia, conocerá el Superior Tribunal de Justicia, previa la consignación respectiva, y en cuanto á procedimientos y penas se estará á lo dispuesto por los artículos 23 (número 449) de la ley de 15 de Enero de 1863 y 7° (número 452) de la de 1° de Junio de 1872, por el Código Penal, ley de 24 de Marzo de 1813 y disposiciones relativas. Ley citada, artículo 5° (1).

426

Lo dispuesto en la presente ley no perjudica las legítimas facultades del Ejecutivo v del Superior Tribunal de Justicia para imponer á sus subalternos las penas disciplinarias que autorizan las leyes. Ley citada, artículo 6°

427

Las atribuciones de los jueces de primera instancia son.....· 3° Conocer en las causas que se sigan contra los prefectos (jefes políticos)......de sus partidos (departamentos) por delitos comunes. Ley de 1° de Marzo de 1850, artículo 29, capítulo 4°

428

Las salas segunda y tercera conocerán por turno...... IV En primera instancia de las causas criminales......de oficio de...... (los) prefectos. Estatuto Orgánico de 10 de Noviembre de 1835, artículo 106. (2)

429

Cuando se forme causa......á un juez de primera instancia, el acusado no podrá estar en el pueblo en que se practique la

(1) El decreto de 13 de Enero de 1860 dice en su artículo 1°: Entre tanto se dicta la ley que arregla la administración de Justicia......se declara vigente el Estatuto Orgánico, en todo lo que habla de este ramo.»

(2) El Estatuto Orgánico de 10 de Noviembre de 1855, en su artículo 69, dice: «Todos los funcionarios del ramo judicial se arreglarán por ahora en el ejercicio de sus atribuciones, y en cuanto no se opongan á lo prevenido en este Estatuto......V En los (juicios) de responsabilidad, al decreto de 24 de Marzo de 1813.»

sumaria, ni en seis leguas en contorno. Ley de 24 de Marzo de 1813, artículo 27, capítulo I.

430

......no podrán ser suspensos......los jueces de primera instancia......sino en virtud de auto de la Sala que conozca de la causa, cuando intentada legalmente y admitida la acusación, resulte de los documentos en que ésta se apoye ó de la información sumaria que se reciba, algún hecho por el que el acusado merezca ser privado de su empleo, ú otra pena mayor. Ley de 24 de Marzo de 1813, capítulo I, artículo 28.

431

Los empleados públicos de todas clases serán también responsables de las faltas que cometan en el servicio sus respectivos subalternos, si por omisión ó tolerancia diesen lugar á ellas, ó dejasen de poner inmediatamente para corregirlos el oportuno remedio. Ley citada, capítulo II, artículo 4 $\circ$

432

Todos los empleados públicos de cualquiera clase cuando cometan alguno de los delitos referidos (capítulo II, artículos 1 $\circ$ á 3 $\circ$ de esta ley, ó sean *prevaricato, cohecho, soborno*] (1) podrán ser acusados por cualquiera......á quien la ley no prohiba este derecho. Ley y capítulo citados, artículo 6 $\circ$

433

Por los mencionados delitos serán acusados......ante el Tribunal....de Justicia y juzgados por éste privativamente.... los jefes políticos. Ley y capítulo citados, artículo 9 $\circ$ (2)

434

Los empleados públicos de las demás clases serán acusados ó denunciados por los propios delitos ante sus respectivos

(1) Vid. números 444 y 445.
(2) Vid. número 257, fracción 6ᵃ y 425.

superiores......(1) ó ante los jueces de primera instancia. Pero si hubiere de formárseles causa, serán juzgados por éstos y por los tribunales á que corresponda el conocimiento en segunda y tercera instancia. Ley y capítulo citados, artículo 11.

435

Cuando se forme causa al jefe político......el acusado no podrá estar en el pueblo en que se practique la información sumaria, ni en seis leguas en contorno. Ley y capítulo citados, artículo 12.

436

Los tribunales darán cuenta al rey (al gobierno) del resultado de las causas que se formen contra empleados públicos y de la suspensión de éstos, siempre que la acordaren. Ley y capítulo citados, artículo 13.

437

Cuando el rey (el gobierno)......reciba acusaciones ó quejas contra los empleados públicos que puede suspender libremente ó remover sin necesidad de un formal juicio, tomará por sí todas las providencias que están en sus facultades, conforme á la Constitución y á las leyes, para evitar y corregir los abusos para que no permanezcan en sus puestos los que no merezcan ocuparlos, y para no promover á otros destinos los que hayan servido mal en los anteriores. Ley y capítulo citados, artículo 14. (2)

438

Cualquiera......que tenga qué quejarse ante las Cortes (el Congreso) ó ante el rey (gobierno) ó ante el Tribunal...... de Justicia contra algún jefe político ú otro cualquier empleado, podrá acudir ante el juez letrado del partido (depar-

(1) El Gobernador tiene facultad de suspender de sus destinos hasta tres meses y privar por el mismo tiempo de la mitad de sus sueldos á los empleados del orden gubernativo y de Hacienda que infringieren sus órdenes. Constitución del Estado, art. 56.

(2) Los jefes políticos pueden ser suspensos ó removidos por el Ejecutivo con causa justificada. Constitución del Estado, art. 61.

tamento) ó ante el alcalde constitucional que corresponda, para que se le admita información sumaria de los hechos en que funde su agravio, y el juez ó alcalde deberán admitirla inmediatamente bajo la más estrecha responsabilidad, quedando al interesado expedito su derecho para apelar á la audiencia (tribunal)...... por la resistencia, morosidad, contemplación ú otro defecto que experimente en este punto. Ley y capítulo citados, artículo 17.

439

Los alcaldes rurales estarán inmediatamente sujetos á los jueces de primera instancia de los departamentos. quienes podrán entender en las causas de responsabilidad que ante los mismos se promovieron contra aquellos, según derecho. Ley de 13 de Noviembre de 1871, artículo 6.°

CAPTULO II.

Del prevaricato de los jueces, magistrados (1) y demás empleados públicos.

440

Son prevaricadores los jueces que á sabiendas juzguen contra derecho por afecto ó por desafecto hácia alguno de los litigantes ú otras personas. Ley de 24 de Marzo de 1813, capítulo I, artículo 1.

441

. El magistrado ó juez......si sedujese ó solicitase á mujer que se halle presa, quedará incapaz de obtener oficio ni cargo alguno. Ley de 24 de Marzo de 1813, artículo 5.°, capítulo I.

442

Si un magistrado ó juez fuese convencido......de conocida ineptitud ó desidia habitual en el desempeño de sus funciones, cada una de estas causas será suficiente de por sí para

(1) Véanse los artículos 1004, 1006, 1007, 1014 á 1021, 1035 á 1058 del Código Penal, y ley de 24 de Marzo de 1813, cap. I. arts. 1.° á 7.°

que el culpado pierda el empleo y no vuelva á administrar la justicia, sin perjuicio de las demás penas á que como particular le hagan acreedor sus excesos. Ley de 24 de Marzo de 1813, capítulo I, artículo 6 º

443

El magistrado ó juez......que por contravenir á las leyes que arreglan el proceso, dé lugar á que el que haya formado se reponga por el tribunal superior competente, pagará todas las costas y perjuicios, y será suspenso de empleo y sueldo por un año. Si reincidiere, sufrirá igual pago y será privado de empleo é inhabilitado para volver á ejercer la judicatura. Ley de 24 de Marzo de 1813, capítulo I. atículo 7 º (1)

444

Los empleados públicos de cualquiera clase, que como á tales y á sabiendas abusen de su oficio para perjudicar á la causa pública ó á los particulares, son también prevaricadores, y se les castigará con la destitución de su empleo, inhabilitación perpétua para obtener cargo alguno y resarcimiento de todos los perjuicios, quedando además sujetos á cualquiera otra pena mayor que les esté impuesta por las leyes especiales de su ramo. Si el empleado público prevaricase por soborno ó por cohecho, en la forma prevenida con respecto á los jueces, será castigado como éstos. Ley citada, capítulo II, artículos 1 º y 2 º (2)

445

El empleado público que por descuido ó ineptitud use mal de su oficio, será privado de su empleo y rezarcirá los perjuicios que haya causado, quedando además sujeto á las otras penas que le estén impuestas por las leyes de su ramo. Ley de 24 de Marzo de 1813, capítulo II, artículo 3 º

(1) Veánse los artículos 1047 á 1049 del Código Penal.
(2) Veánse los artículos, 993, 994, 996 á 1021, 1026 á 1034 del Código Penal.

446

Los jueces legos......no serán responsables á las resultas de las providencias y sentencias que dieren con acuerdo y parecer de......asesor, el cual únicamente lo deberá ser......por sí solo de las resultas en todas aquellas causas ó pleitos de derecho que determinan los jueces conforme á sus dictamenes......(si)......aquellos no les sea permitido nombrar ni valerse de asesor distinto del que......les haya señalado. Real Cédula de 2 de Julio de 1800.

CAPÍTULO III.

Juicio de responsabilidad contra los alcaldes rurales, jueces menores y de primera instancia.

447

El fallo de los jueces verbales y sus incidentes. (1) no adte otro recurso que el de responsabilidad contra los jueces (1) ó sus asesores......y se interpondrá ante el Juez de primera instancia del departamento respectivo. Ley de 15 de Enero de 1863, art. 21.

448

Los juicios de responsabilidad que se promuevan ante los jueces de primera instancia contra los alcaldes......sea por acción civil ó criminal, como originada de los fallos que pronuncien en los juicios verbales, cuyo conocimiento les comete la ley, son sumarios. Ley de 15 de Enero de 1863, artículo 22.

449

Un escrito por cada parte y el informe verbal de ambas, si lo pidieren, será toda la instrucción del proceso (3), con visto de lo cual el juez de primera instancia pronunciará su

---

(1) Fallos que pronuncien los alcaldes rurales y jueces menores en juicios cuyo conocimiento les somete la ley.
(2) Menores ó rurales.
(3) Véase el número 452.

determinación dentro de diez días á lo más. Ley de 15 de Enero de 1863, art. 23. (1)

450

......es apelable para ante el Tribunal Superior de Justicia, quien con solo la vista de los autos resolverá lo conveniente. Ley y artículo citados.

451

La sustanciación y determinación de las causas de responsabilidad (contra los jueces de primera instancia) será con arreglo á lo dispuesto en los artículos 22 y 23 (*números 448 y 449*]. Ley citada, art. 152.

452

En todo juicio de responsabilidad, si la causa versare sobre puntos de hecho en que el reo estuviere negativo, se abrirá á prueba por un breve término prorogable, atentas las circunstancias del caso, hasta por curenta días, el cual concluido, hecha publicación de probanzas y producido el alegato de buena pruba, para cuyos trámites se señalarán términos breves de tres días, se citará para la vista y se fallará conforme á derecho. Ley de 1° de Junio de 1872, art, 7°

453

La imposición de estas penas [*las del prevaricato de los jueces*], en sus respectivos casos, acompañará precisamente á la revocación de la sentencia de primera instancia dada contra ley expresa (2); y se ejecutará irremisiblemente desde luego sin parjuicio de que despues se oiga al......juez por lo que á él toca, si reclamase. Ley de 24 de Marzo de 1813, capítulo I., art. 8°

(1) Aunque no se apele ha lugar á la segunda instancta, según el artículo 9° Ley de 1° de Junio de 1872.
(2) Entiendo que se habla de las sentencias dictadas en los procesos y no en negocios civiles.

Juicio de responsabilidad por nulidades cometidas en el proceso.

454

Estos recursos de nulidad se determinarán precisamente dentro de dos meses contados desde el dia en que el tribunal que deba conocer reciba los autos originales. Un escrito por cada parte, con vista de estos y el informe verbal de ambas, serán toda la instrucción que se permita, con absoluta exclusión de cualquier otra (1); pero nunca se admitirán los recursos referidos, sino cuando se interpongan contra sentencia que cause ejecutoria por haberse contravenido á las leyes que arreglan el proceso. Ley de 24 de Marzo de 1813, capítulo I, art. 12.

Recursos:

455

En estas causas (responsabilidad), el magistrado.......de la sala á que corresponda instruirá el sumario y las demás actuaciones del plenario. Siempre habrá lugar á la súplica, y tambien en su caso el recurso de nulidad contra la última sentencia, el cual se determinará por la sala que no haya conocido de la causa en ninguna instancia. Ley de 24 de Marzo de 1813, capítulo I, art. 25.

456

Los jueces letrados de primera instancia serán acusados y juzgados por los referidos delitos [*oficiales*] ante las audiencias respectivas (Tribunal de Justicia). En cuanto á la instrucción del proceso y á la admisión de la súplica, se observará lo dispuesto en el artículo precedente. Ley y capítulo citados, art. 26.

457

En los casos en que alguna sala imponga.......la pena de que habla el artículo 7.° (número 443) capítulo I del decreto de 24 de Marzo de 1813, en el mismo auto por el que de-

(1) Véase el número 452.

clare la nulidad y reposición del proceso podrá también conocer de las reclamaciones que se conceden á los......jueces por el artículo 8 ? (número 453) del propio capítulo de aquel decreto; y que tengan y se les conceda segunda instancia en este nuevo juicio. Decreto de 1 ? de Septiembre de 1813.

CAPÍTULO IV.

De las responsabilidades de los altos funcionarios.

458

El Gobernador del Estado, los diputados al Congreso del mismo, los ministros del Tribunal de Justicia, el Secretario del Despacho y el Tesorero General......son responsables por los delitos comunes que cometan mientras ejerzan su encargo, y por los delitos, faltas ú omisiones en que incurran en el ejercicio de su mismo encargo. El gobernador durante el periodo de sus funciones, solo podrá ser acusado por delitos de......violación expresa de la Constitución (1) ataque á la libertad electoral (2) y delitos graves del orden común. Constitución Política del Estado, art. 105.

459

Son delitos oficiales en los altos funcionarios del Estado: el ataque......á la libertad de sufragio (3), la usurpación de atribuciones, la violacion de las garantías individuales y cualquiera infracción á la Constitución y leyes del Estado, en punto de gravedad. Ley de 13 de Diciembre de 1872, art. 1 ?

460

La infracción de la Constitución ó leyes del Estado en materia de poca importancia, constituye una falta oficial en los funcionarios á que se refiere el artículo anterior. Id. artículo 2 ?

461

Los propios funcionarios incurren en omisión por la morosidad ó inexactitud en el ejercicio de las funciones anexas á su cometido. Id. art. 3 ?

(1) De la Constitución del Estado.
(2) En elecciones de funcionarios del Estado.

462

El delito oficial se castigará con la destitución del encargo en cuyo desempeño se haya perpetrado, y con la inhabilidad para obtener el mismo ú otro empleo ó encargo del Estado, por un tiempo que no baje de dos, ni exceda de cuatro años. Id. art. 4.º

463

Son penas de la falta oficial, la suspensión, respecto del encargo en cuyo desempeño hubiere sido cometida, la privación consiguiente de los emolumentos anexos á tal encargo y la inhabilidad para desempeñarlo, lo mismo que cualquiera otro empleo ó encargo del Estado, todo por un tiempo que no baje de seis meses, ni exceda de tres años. Id. art. 5.º

464

La omisión en el desempeño de funciones oficiales, será castigada con la suspensión, así del encargo como de la remuneración, y con la inhabilidad para desempeñarlo, lo mismo que cualquiera otro empleo ó encargo del Estado, todo por un tiempo que no baje de tres, ni exceda de nueve meses. Id. art. 6.º

465

Los funcionarios, cuyos delitos, faltas ú omisiones deberán juzgarse ó castigarse conforme á esta ley, son los mismos que determina el artículo 105 (1) de la Constitución del Estado, sancionada en 4 de Enero de 1858; y el tiempo en que se les pueda exigir la responsabilidad oficial, es el que expresa el citado artículo y 110 (*número 416*) de la misma Constitución. Ley de 13 de Diciembre de 1872, art. 7.º

466

Declarada la culpabilidad de cualquiera de los funcionarios á que se contrae el artículo anterior, por delitos, faltas ú omisiones en que hayan incurrido desempeñando sus respectivos encargos, queda expedito el derecho del Estado ó

(1) Numero 458.

el de los particulares para hacer efectiva ante los tribunales competentes y con arreglo á las leyes, la responsabilidad pecuniaria que hubieren contraido por daños y perjuicios causados al incurrir en el delito, falta ú omisión. Id art. 8 ?

SECCION SEGUNDA.

DEL FUERO CONSTITUCIONAL.

CAPÍTULO V.

De la organización del gran jurado.

467

Para el desempeño de las funciones judiciales que la Constitución comete al Congreso, éste se erigirá en gran jurado. Reglamento para el gobierno interior del Congreso del Estado, fecha 12 de Enero de 1882, art. 183.

468

Con objeto de poner en estado las causas que deba conocer tendrá una sección instructora, la cual se formará de tres diputados, nombrados en escrutinio secreto, en la segunda sesión del primer año de cada legislatura, y para cuyas funciones servirá de secretario el tercer nombrado. Ninguno de estos podrá ser recusable. Reglamento citado, art. 184.

469

Cuando por cualquier causa ó impedimento quedare incompleta la sección, el individuo ó individuos que faltaren serán reemplazados en el acto, tambien por escrutinio secreto. Reglamento citado, art. 185.

CAPITULO VI.

De las personas sujetas al gran jurado.

470

Está sujeto al gran jurado el Gobernador del Estado por los delitos comunes que cometa durante el tiempo de su encargo, así como por los delitos, faltas ú omisiones en que incurra en el ejercicio de sus funciones oficiales. Mientras dure éste, solo podrá ser acusado por los delitos de......violación expresa de la Constitución, ataque á la libertad electoral (1) y delitos graves del orden común. Reglamento citado, art. 186.

471

Lo estan tambien los diputados al Congreso del Estado, los ministros del Tribunal de Justicia, el Secretario del despacho y el Tesorero general, por los delitos comunes que cometan durante el tiempo de su encargo; y por los delitos, faltas ú omisiones en que incurran en el desempeño de sus funciones. Reglamento citado, art. 187.

472

El fuero ó inmunidad establecido en los artículos precedentes no puede renunciarse, y comprende á los diputados suplentes, lo mismo que á los magistrados supernumerarios que lo gozarán desde el dia de su nombramiento. Reglamento citado, art. 188.

473

La responsabilidad por delitos y faltas oficiales solo podrá exigirse durante el período en que el funcionario ejerza su encargo y un año despues; pero la responsabilidad por delitos comunes podrá exigirse mientras no haya prescrito conforme á las leyes. Recopilación citada, art. 189.

474

En ningún tiempo, ni aun despues de haber cesado, podrá exigirse la responsabilidad contraida por un funcionario durante su encargo, sino ante el gran jurado en la forma que esta ley establece. Reglamento citado, art. 190.

CAPITULO VI.
De la manera de proceder del gran jurado.
475

Bien sea que se acuse ante la Cámara á algun individuo sujeto al gran jurado; bien que alguna persona contra la

(2) En elecciones de funcionarios del Estado.

cual otros jueces hayan empezado á proceder, creyendo gozar de inmunidad, se presente á la Cámara para que se declare; bien por último, que un tercero se presente asímismo al Congreso, para que éste llame á su conocimiento la causa que á una persona que goze de inmunidad se le siga ante un juez extraño; en cualquiera de estos tres casos se dará cuenta á la Cámara del asunto en el dia que se presente, ó al siguiente útil, en sesión secreta, ordinaria ó extraordinaria. Reglamento citado, art. 192.

476

La acusación ó solicitud de declaratoria de inmunidad, contendrá precisamente el nombre y apellido de quien se cree que la disfruta, sus funciones públicas, el hecho que la motiva, y la fecha en que éste aconteció. Reglamento citado, art. 193.

477

En el primer caso del artículo 192 (*número 475*), leida ante la Cámara la acusación, el presidente la mandará pasar á la sección instructora del gran jurado, la cual al siguiente dia presentará dictámen manifestando si por razón del hecho y de las funciones públicas de la persona goza ó no de inmunidad. Esto mismo hará la sección en el segundo y tercer caso de que habla dicho artículo. En cualquiera de ellos concluirá su dictámen precisamente con esta fórmula. «El funcionario tal goza (ó no goza) de inmunidad por tal hecho.» Si al evacuar su dictamen la sección necesita mayor tiempo que el de un dia, para reunir los datos que le sean necesarios, lo hará presente á la Cámara, concediendosele el tiempo competente, atendida la naturaleza de aquellos datos. Reglamento citado, art. 194.

478

En el primer caso del artículo 192 evacuado el dictamen, la Cámara erijida en gran jurado procederá á discutirlo y á aprobarlo ó reprobarlo, declarándose en consecuencia competente ó incompetente. En el segundo y tercer caso, presentado el dictámen y leido ante la Cámara, la secretaría, de orden del presidente, dirigirá oficio al juez ó tribunal extraño que esté procediendo; reclamándole las diligencias que haya practicado, y el juez ó tribunal las remitirá inmediatamente con un oficio en que funde su jurisdicción. Recibidas dichas diligencias y este oficio, procederá la Cámara con vista de todo y con audiencia del interesado, al debate del dictamen y á la resolución del punto de inmunidad. Si la Cámará se declara incompetente, se mandará que el acusado ocurra á quien corresponda, ó se devolverán al juez ó tribunal que estaba procediendo las diligencias antedichas para que las continúe. Reglamento citado, art. 195.

479

Declarada la inmunidad y por consiguiente la competencia del gran jurado, volverá el expediente á la sección. Esta, habiendo acusador, y no estando justificado el cuerpo del delito, le mandará notificar que dentro del plazo que ella fije prudentemente, lo justifique. Si dos dias despues de haber esperado dicho término aun no estuviere justificado el cuerpo del delito, la sección presentará dictámen que concluirá con esta fórmula: «No hay mérito para proceder contra N. por no estar justificado el cuerpo del delito.» Reglamento citado, art. 196,

480

Si el funcionario es acusado de delito común grave, y está justificado el cuerpo del delito, la sección le tornará su instructiva. Acto contínuo lo tendrá detenido en un lugar descente, que preste seguridad. En caso de creer necesario practicar algunas diligencias para el perfeccionamiento de la sumaria, lo hará dentro de tres dias, contados desde el dia de la detención. Si al espirar este término la sección aún no cree perfecto el sumario, y hubiese por lo menos semiplena prueba contra el responsable, pronunciará el auto motivado de prisión, y seguirá practicando con la actividad posible todas las demás diligencias hasta concluir dicho sumario, sujetándose siempre á las prescripciones constitucionales. Reglamento citado, art. 197.

481

Concluida la sumaria, ántes ó despues de los tres dias ya indicados, la sección presentará dictamen sobre el estado de la causa, y concluirá con esta fórmula: «Esta causa se halla en estado de verse.» Si la Cámara se resuelve por la negativa, volverá á la sección para que practique aquellas diligencias que, según se haya expuesto en la discusión, faltaren para el complemento de la sumaria. Luego que las practique, volverá á dar cuenta á la Cámara para que examine de nuevo si se halla la causa en estado de verse. Esto mismo se hará cuantas veces se declare la Cámara por la negativa. Reglamento citado, art. 198.

482

Cuando la Cámara declare que la causa se halla en estado de verse, volverá á la sección para que dentro de tres dias presente dictamen, que concluirá precisamente con esta fórmula: «Ha (ó nó) lugar á proceder contra N. por tal delito.» La sección, tan luego como reciba la causa notificará al acusador, si lo hay, y al acusado para que respectivamente preparen la acusación ó la defensa, advirtiéndoles que al efecto pueden tomar apuntes de la causa. Reglamento citado, artículo 199.

483

Presentado el dictamen, el presidente anunciará que el dia siguiente la Cámara se erigirá en gran jurado, haciéndose saber esto por la Secretaría al acusador. si lo hay, y al acusado, para que si quieren se presenten á alegar por sí ó por poder. Al dia siguiente aprobada el acta de la sesión anterior, se erigirá la Cámara en gran jurado, se leerá todo el expediente, y alegarán por su órden el acusador y el acusado. Concluido esto, se retirarán el acusador y el acusado, abriéndose el debate entre los diputados, pudiendo hablar tres en pro y tres en contra. Se procederá luego á la votación de la proposición final del dictamen. Si de la votación resulta que se declare haber lugar á proceder contra el acusado, éste quedará por el mismo hecho separado de su encargo y sujeto á la acción de los tribunales comunes. Si se declara lo contrario, no habrá lugar á procedimiento ulterior, y se le pondrá inmediatamente en libertad si se halla preso. Reglamento citado, art. 200.

484

Si el delito fuese oficial, se procederá de la misma manera que en los comunes, excepto respecto de la detención ó prisión del acusado, que en estos casos no tendrá lugar. En vez del dictamen que concluya en la fórmula de si ha ó no lugar á proceder, la sección presentará otro sobre la culpabilidad del presunto reo, que terminará con estas palabras: «N, es (ó nó es) culpable del delito oficial de.......» La Cámara erigida en gran jurado de acusación, verá y resolverá la causa con las mismas formalidades y lo demás establecido para las causas sobre delitos comunes. Rglamento citado, art, 201.

485

Cuando la declaración de la Cámara sobre delito oficial fuere absolutoria, el funciouario continuará en el ejercicio de su encargo; y si fuere condenatoria, quedará inmediatamente separado de dicho encargo, poniéndose á disposición del Tribunal correspondiente para la aplicación de la pena respectiva. Reglamento citado, art. 202. (1)

486

La sección para instruir la sumaria procederá con el sigilo que corresponde, valiéndose de los medios de probar que determinan las leyes, y formando un expediente instructivo para averiguar y purificar los cargos que se hicieren al acusado. Reglamento citado, art. 203.

487

Siempre que se ligare un delito común con un delito, falta ú omisión oficial, despues de sentenciado el reo, por la responsabilidad de este último caracter, será puesto á disposición del juez competente, para que se le juzgue de oficio ó á petición de parte, y se le aplique la pena correspondiente al delito común. Ley de 13 de Diciembre de 1872, art. 9.º

488

En el caso del artículo anterior, la sección del Gran Jurado terminará su dictamen con dos proposiciones: una que

(1) Vid. núm. 119, frac. I.—121 y 123.

corrosponda á los delitos oficiales, pidiendo se declare que es ó no culpable el acusado y la otra relativa á los delitos, comunes, consultando si hay ó no lugar á proceder. Ley de 13 de Diciembre de 1872, art. 10.

489

Cuando el Gran Jurado procediese á instancia de parte, podrá esta acercarse á la sección para presentarle las pruebas que tuviere por necesarias con arreglo á derecho. Reglamento del Congreso, art. 204.

490

Luego que el expediente se halle suficientemente instruido el secretario de la sección á presencia de ella misma, leerá al presunto reo todo el expediente, y éste (presunto reo) dará los descargos que tuviere á bien, los cuales firmará juntamente con el secretario, y se reunirán á los antecedentes. Reglamento citado, art. 205.

491

Si el presunto reo no estuviere en la capital, la sección practicará todas las actuaciones que le fuere posible y las demás que creyere necesarias para instruir el proceso. En seguida pasará el expediente al Ejecutivo, quien con toda seguridad lo enviará al juez de instancia ó alcalde del pueblo en que aquel se encuentre. Si la residencia del presunto reo es de fuera del Estado, se remitirá con carta suplicatoria á la autoridad política superior respectiva, excitándola para que se sirva mandar al juez competente llene los objetos de los siguientes artículos que se le transcribirán. Reglamento citado, art. 206.

492

Inmediatamente que el juez reciba el exhorto ó expediente, procederá á practicar las diligencias que se le encarguen. Si estas estuvieren ya en estado de oírsele al presunto reo sus descargos, pasará á su casa á efectuarlos (recibirlos), los cuales se asentarán en toda forma. Cuando el responsable exhibiere documentos, se acumularán al expediente rubricadas todas sus fojas por el juez. En caso de que para aclaración de los hechos haya de evacuar citas importantes ó recibir información de individuos que residan en el mismo lugar, dicha autoridad fijará prudentemente el término improrogable dentro del cual deba despacharse, que bajo ningun pretexto podrá exceder de diez dias útiles. Reglamento citado, artículo 207.

493

Practicadas por el juez local ó alcalde las diligencias correspondientes, este las devolverá con la misma seguridad y por los conductos por donde se remitió el expediente. Reglamento citado, art. 208.

494

Fuera de esas diligencias, que necesariamente tenga que practicar la sección del Gran Jurado por medio de otros jueces, cuando el reo está ausente, en todo lo demás se sujetará á las reglas y trámites establecidos para los procedimientos del Gran Jurado, hallándose presente el reo. Reglamento citado, art. 209.

495

Cuando el presunto reo no quisiere ó estuviere imposibilitado para presentarse ante el Jurado, podrá remitir por escrito lo que tuviese por conveniente, y su exposición se leerá á continuación del dictamen. Reglamento citado, artículo 210.

496

En los debates y votacionos del Gran Jurado se observarán las mismas reglas establecidas en este reglamento para las votaciones y discusiones de las leyes. Se advierte, sin embargo, que las votaciones para declararse competente el jurado, para resolverse si la causa está en estado de verse, y para el fallo definitivo, serán siempre nominales. Reglamento citado, art. 211.

497

En la sesión en que haya de pronunciarse el fallo definitivo, concluido el debate y ántes de la votación, se pasará lista. Si hubiere *quorum* se procederá inmediatamente á la votación. Cuando no lo hubiere, se esperará para completarlo hasta la hora de reglamento; mas si esta se hubiere ya dado al tiempo de pasar lista, ó si llegase sin poder completarse el *quorum* se suspenderá la sesión, y al dia siguiente, luego que haya número, se procederá á la votación. Reglamento citado, art. 212.

498

Siempre que se presentare nueva acusación contra alguna persona de las ya expresadas, estando aquella procesada en el tribunal competente, se procederá respecto del nuevo delito, con las mismas formalidades establecidas en este capítulo. Reglamento citado, art. 213.

499

Todos y cada uno de los individuos de la sección y su secretario, son responsables de sus procedimientos y serán juzgados por las faltas que cometieren en el desempeño de sus deberes. Reglamento citado, artículo 214.

500

La Cámara tomará en consideración y resolverá lo conveniente sobre las faltas leves que cometiesen sus miembros en el ejercicio de sus funciones; pero si las faltas fueren graves, el presidente remitirá al Jurado una exposición circunstanciada de ellas para que proceda con arreglo á los artículos precedentes. Reglamento citado, artículo 215.

501

Cuando ocurra queja contra algún miembro de la Cámara sobre injurias ó calumnias, el presidente nombrará dos días después una comisión de tres individuos de la Cámara para que procure la conciliación de las partes, dejando su derecho á salvo, á fin de que proceda con arreglo á las leyes, caso de que no se concilien. Reglamento citado, artículo 216.

502

Cuando una sala......revoque en tercera instancia algún

fallo dado en segunda por otra sala contra ley expresa, deberá remitir inmediatamente un testimonio circunstanciado *al Tribunal*......(1)

503

Siempre que el Congreso esté en receso, las acusaciones que se hagan contra las personas que disfrutan de inmunidad, se presentarán á la diputación permanente. Si el hecho fuere grave y trascendental, convocará en el acto á la Cámara á sesiones extraordinarias, para ocuparse exclusivamente de de él. Entre tanto, la diputación permanente ejercerá en semejante caso las atribuciones de la sección instructora, para entregar á ésta, una vez reunida, el expediente que hubiese formado, y pueda procederse de acuerdo con lo prescrito en este reglamento. Reglamento citado, artículo 217.

(1) Hoy deberá ser al Congreso. Véase el art. 107, Constitución del Estado.

LIBRO CUARTO.

DE LOS INSTRUMENTOS DEL DELITO.
—DE LAS PRISIONES—DE LA JUNTA DE VIGILANCIA.—DE LA LI-
BERTAD PREPARATORIA.

TITULO I.

De los instrumentos del delito.

CAPÍTULO UNICO.

504

Para asegurar el cumplimiente de lo dispuesto en el capítulo 1.º, título IV, libro 1.º del Código Penal, se observarán mientras se expide el Código de Procedimientos criminales, las prevenciones siguientes:

I. Siempre que los jueces del ramo criminal reciban sentencia que cause ejecutoria, y en la que se mande destruir
instrumentos de delitos, conforme á lo dispuesto en la primera
parte del artículo 108 del Código Penal, procederán desde
luego á practicar la destrucción mandada, en presencia del
secretario, del síndico municipal y de dos testigos, levantando
al efecto acta en forma, de la cual remitirán copia autorizada
á la sala que conoció en última instancia, para que la agregue
á la causa respectiva, que sin dicho documento no será ar-
chivada.

II. Siempre que una sentencia irrevocable mande aplicar
al gobierno instrumentos de delito, el juez respectivo cumplirá desde luego esta prevención, recogiendo el recibo que

agregará original á la ejecutoria que se le remita y transcribirá á la sala de quien haya recibido dicha ejecutoria, para que agregándolo á la causa respectiva, la pueda mandar archivar. Ley de 22 de Diciembre de 1881, artículo 1. °

505

Cada una de las salas del Tribunal de Justicia que conozca de negocios criminales, abrirá un registro á cada juzgado de 1.ª instancia, en que haga constar la fecha de las sentencias que causen ejecutoria, y en las cuales mande vender instrumentos de delito, el nombre de estos, el del reo y el delito, cerrando dichos registros dos veces en el año, en los días 30 de Junio y 31 de Diciembre, y enviando copia de ellos al Tribunal pleno. Ley de 22 de Diciembre de 1881, art. 2. °

506

Los jueces de primera instancia harán dos veces en el año y en cada una de las fechas citadas en el artículo anterior, con la asistencia del síndico municipal, un remate al mejor postor de los instrumentos del delito que por sentencia irrevocable se hayan mandado vender, remitiendo el producto líquido á la Tesorería municipal de la cabecera del departamento, para que le dé la aplicación prevenida en la segunda parte del artículo 108 del Código Penal, recogiendo el recibo correspondiente que agregará á las diligencias. Id. artículo 3 °

507

Los instrumentos de delito que se mandan vender serán valuados por dos peritos, nombrados uno por el juez y otro por el síndico municipal, y un tercero nombrado por ambos para el caso de discordia. La venta se anunciará quince días antes. Id., artículo 4 °

508

No pueden comprar los instrumentos de delito; por sí ni por interpósita persona, el juez que haga el remate, sus dependientes, el síndico municipal que haya intervenido, ni los peritos que hayan hecho el avalúo. Id., artículo 5. °

509

Los jueces locales que hayan conocido de alguna causa criminal por impedimento ó recusación del de primera instancia, recibida que sea la sentencia irrevocable, remitirán los instrumentos del delito al juez de primera instancia para su venta, recogiendo el recibo correspondiente. Id., artículo 6.º

510

Los jueces de primera instancia, dentro de los quince días siguientes al remate, remitirán al Tribunal de Justicia copia de las diligencias. Id. artículo 7.º

511

El Tribunal las mandará pasar al regente para que, comparándolas con los registros, vea si se han vendido todos los instrumentos que constan en ellos y presente su dictamen al Tribunal, á fin de que resuelva lo que corresponda. Id., artículo 8.º

512

Si algunos instrumentos hubieren dejado de venderse por no haberse recibido con oportunidad las ejecutorias correspondientes, el secretario del Tribunal sacará una noticia de los que corresponden á cada departamento para acumularla á los registros que deben presentarse en el siguiente semestre y sean comparados con las diligencias de remate que corresponda. Id., artículo 9.º

513

Si alguno ó algunos instrumentos de delito dejaren de sacarse al remate en cumplimiento de este decreto, el Tribunal de Justicia hará la averiguación correspondiente, y si de ella resultare que aquellos se han extraviado ó se ha cometido con ellos alguna ocultación que importe un delito, mandará proceder contra los culpables como corresponda. Id., artículo 10.

514

Los juzgados del ramo criminal llevarán un inventario

de los instrumentos de delito que hayan aprehendido y vayan aprehendiendo, haciendo descripción de ellos, relación del delito que se cometió y expresando el nombre del culpable. Id., artículo 11.

415

Solamente son útiles al gobierno y por tanto aplicables á él, con arreglo á lo dispuesto en el artículo 108 del Código Penal, las armas que puedan servir al Estado y los instrumentos de agricultura. Id., artículo 14.

516

Si llegada la hora anunciada para el remate no hubiere licitante, la base será el monto de las dos terceras partes del avalúo, debiendo verificarse la licitación después de tres días á fin de que puedan tener lugar los pregones correspondientes. Id., artículo 15.

517

Si hecha la baja de la tercera parte, no resultare postor á alguno de los instrumentos del delito, se pondrán estos á disposición del Jefe del Ejecutivo para que los destine al objeto que crea conveniente. Id., artículo 16.

TITULO II.

DE LAS PRISIONES. (1)

CAPÍTULO I.

De las visitas.

518

El Tribunal de Justicia hará en cada año tres visitas generales de los reos sujetos á su jurisdicción en los días que preceden á las fiestas de Pascua de Navidad, de Resurrección y 16 de Septiembre. Los jueces de primera instancia, en los departamentos en donde no reside Tribunal Superior, las

(1) Vid. litt. M.

harán en unión de los alcaldes y comisión de policía de los Ayuntamientos. Ley de 15 de Enero de 1863, artículo 195.

519

Los jueces de primera instancia remitirán mensualmente al Tribunal Superior las actas de visitas de cárceles que semanariamente deben practicar para que en su vista se determine lo conveniente. Ley citada, artículo 196.

520

A más del examen del estado de las causas y reconocimiento de las habitaciones, procurarán los magistrados y jueces informarse del trato que se da á los reos, del alimento y asistencia que reciben, y de si se les incomoda con más prisiones de las necesarias á su seguridad, ó si se les tiene en incomunicación no estando así prevenido. tomando todas las providencias que sean de sus facultades para el remedio, de cualquier retraso, entorpecimiento ó abuso que advirtiere, y avisando á la autoridad competente de las que notare y no pueda remediar. Ley citada, artículo 197.

521

El Tribunal de Justicia, siempre que lo crea oportuno, mandará visitar los juzgados de 1.ª instancia y locales del Estado, nombrando al efecto, para los residentes en la capital, una comisión de su seno, llevando por secretario á uno de los de sus salas; para los juzgados residentes en las cabezeras de los demás departamentos, una comisión compuesta del Jefe político, de la comisión de policía y de un síndico del ayuntamiento respectivo, siendo su secretario el de la Jefatura política; y para los pueblos y rancherías, una comisión formada del juez de 1.ª instancia y su secretario, cuyo cargo podrá desempeñarlo dentro de su radio departamental y no más. Ley de 22 de Junio de 1877, art. 5.º

422

La comisión asociada de su secretario, y sin entrometerse en el fondo de los negocios, se informará con el detenimiento posible, del número de los que se hallen pendientes, ya sean civiles ó criminales, de la fecha en que se iniciaron y del estado que guardaren; y si hubiesen sufrido alguna demora, averiguará las causas que la motivaron. Se impondrá igualmente de los asuntos terminados en el año, ó desde la última visita, si la que se practica no fuese la primera. Inspeccionará tambien las cárceles, tomando nota de los detenidos y presos que se encontraren en ellas, de la fecha y motivo de su arresto ó prisión, del trato y alimentos que se les dieren y del estado de la localidad, valiéndose para esto, en lo conducente, de los libros que los alcaides y rectoras de las prisiones deben presentarle. Terminada la visita se levantará el acta correspondiente, que suscrita por la comisión y juez de la oficina visitada, se remitirá original al Tribunal superior, para que, en su visita, determine lo que corresponda, quedando de ella un duplicado en el archivo de la oficina referida. Ley de 22 de Junio de 1877, art. 6.º

523

Si por las actas de visitas, ó por otros medios legales, el Tribunal de Justicia observare que los jueces inferiores demoran el despacho de los negocios, dejan de asistir con puntualidad á las oficinas ó faltan de alguna otra manera á sus deberes, los corregirá sin disimulo, haciendo para ello uso de las facultades que le otorgan la Constitución del Estado y demás leyes vigentes. Id. art. 8.

CAPÍTULO II.

De las cárceles.

524

Procurarán (*los ayuntamientos*) que en los pueblos todos haya cárcel segura y cómoda; y con especialidad en las cabeceras de departamento que en ellas se formen departamentos diversos para arrestados ó detenidos y para presos. Ley de 15 de Enero de 1862, art. 48.

525

(La comisión de beneficencia y salubridad pública,) cuidarán y vigilarán......

VIII. Que las cárceles se conserven en buen estado de seguridad y comodidad: que á los presos no les falte agua, luz y el alimento necesario; y que en los patios, calabosos y separos haya la limpieza necesaria.

X. Que los presos se dediquen á ocupaciones útiles, desterrándose de entre ellos el ócio, tan funesto y perjudicial á la moral.

XI. Promover las mejoras que deban hacerse en las cárceles presentando el presupuesto de gastos que para conseguirlo sea necesario emprender. Ord. Municipal sección V, capítulo IX, artículo 25.

525

El gobierno destinará desde luego un edificio que sirva exclusivamente para la reclusión de los acusados de delitos políticos. Ley transitoria del Código Penal, art. 14.

527

En el departamento de hombres y en el de mugeres....... se formarán los cuatro siguientes: uno de reos encausados; otro de reos condenados á arresto menor ó mayor; otro de reos condenados á prisión; y otro de separos. Id., id., art. 16.

528

Tanto en la cárcel de hombres como en la de mugeres, se establecerán desde luego los talleres necesarios para hacer efectivo el trabajo de los sentenciados.

Estos tendrán obligación de trabajar, pero se les permitirá por ahora que lo hagan en el oficio que más les convenga, siempre que lo permitan la disciplina y el reglamento de la prisión. Id., art. 17.

529

El producto del trabajo de los reos, así como las multas que se les impongan, se recaudarán y depositarán por la tesorería municipal, en caja separada, y se llevarán los libros necesarios con distinción de los fondos de reserva de los reos de indemnizaciones que haya de hacer el Erario, conforme á los artículos 123 y 361 del Código Penal, y del destinado para mejoras y gastos de las prisiones. Id., art. 18.

530

En todas las cárceles se llevará un libro en que se anoten así las faltas, como las acciones meritorias de los reos, conforme á las fracciones V y VI del artículo 9.° de esta ley. Ley transitoria Código Penal, art. 19.

531

Los directores de las prisiones, en vista de las anotaciones de que habla el artículo anterior, dividirán á los presos en cuatro clases graduales, según la conducta que hayan tenido en el mes anterior; poniendo en la primera clase á los de peor conducta, y en la última á los que se hayan manejado mejor. Id. art. 20.

532

Los jueces......observarán en la sustanciación de los procesos contra menores ó sordo-mudos las siguientes prevenciones:

I. En los casos de los artículos 157, 158, 161 y 164 del Código Penal, dejarán á los menores y sordo-mudos en la casa de las personas que los tengan á su cargo, si estos se comprometieren á responder por aquellos en los términos que expresa la fracción siguiente, y la infracción no fuere de gravedad.

En caso contrario se les pondrá en la cárcel, pero en aposento que no habiten los otros reos, ni se comunique con los de estos.

En la sentencia determinarán si el reo debe pasar al establecimiento de educación correccional, ó al de corrección penal.

II. A los que queden encargados de los menores ó sordomudos, les harán saber la obligación que contraen, así de presentar á los acusados cuantas veces sean necesarias, como de evitar que cometan una nueva falta, y que en caso contrario quedarán sujetos á la responsabilidad civil y criminal que les resulte con arreglo al Código Penal. Id. art. 25.

CAPÍTULO III

De los alcaides y de las rectoras de cárceles.

533

El alcaide cuidará de la policía interior de la cárcel, procurando con esmero que todos los separos y demás lugares de ella, estén siempre aseados y limpios, con la ventilación correspondiente, siempre que esto sea combinable con la seguridad de los reos y prevenciones de los jueces respectivos. Ordenanza municipal, capítulo XI, art. 29.

534

No permitirá juegos ni bebidas embriagantes, y que los reos reducidos á formal prisión estén mezclados con los detenidos; siempre que esto último pueda conseguirse atendido al local, su amplitud y la separación correspondiente que debe establecerse. Id., id., art. 30.

535

Cuando las cárceles se hallen construidas debidamente, no permitirá la comunicación entre los criminales y los que allí se detienen por faltas leves. Id., id., art. 31.

536

Darán aviso á los jueces respectivos, cuando algún reo se halle enfermo para que se le proporcione los auxilios necesarios, y lo dará tambien á la comisión respectiva para lo que á ella corresponde. Id., id., art. 32.

537

Pondrán el más eficaz cuidado y esmero en que no falte agua, lumbre y luz de noche, y que los presos tengan el alimento suficiente, dando sobre esto á la comisión respectiva los informes y avisos correspondientes para que se le logre. Id., id., art. 33,

538

Las prisiones destinadas para el servicio de la cárcel las recibirá por inventario, y en la misma forma las entregará al que le suceda. Id., art., art. 34.

539

Cada mes presentará al Ayuntamiento un estado que

contenga el número de presos que hayan entrado en todo él, los que hayan salido y de los que queden existentes, con distinción do criminales y correccionales. Id. id., artículo 37.

540

Cuidará que haya las *necesarias* y que estén en estado de uso, dando aviso cuando se descompongan, para que se provea lo conveniente. Id. id., art. 35.

541

La rectora de recogidas estará sujeta á las mismas obligaciones que quedan especificadas para el alcaide de la cárcel. Id. id., artículo 38.

542

Los alcaides y rectoras de las cárceles llevarán un libro de entradas y otro de salidas, costeados por las respectivas municipalidades, y asentarán en el primero el día y hora de la entrada de los detenidos y presos, con expresión de sus nombres, apellidos y domicilios; de la autoridad que hubiere ordenado la prisión, arresto ó detención; de aquella á cuya disposición quedaren y de la persona que los hubiere entregado, la que firmará el asiento si supiere; y en el segundo el día y la hora en que saliere cada preso ó detenido, expresando igualmente su nombre y domicilio. el objeto de su excarcelación y la autoridad que la ordene. Las boletas de consignación ó excarcelación servirán también de comprobantes á las respectivas partidas. Al margen de las de entrada se les pondrá la palabra «Salida,» con el folio de ésta, con referencia al libro del ramo, y lo mismo se hará con las de salida respecto de de entradas. Ley de 22 de Julio de 1877, artículo 3.°

543

Dichos libros serán presentados para su inspección en las visitas semanarias y generales de cárceles, sin perjuicio de que los alcaides y rectoras remitan el día 1.° de cada mes al Tribulal de Justicia, por conducto de los jueces de primera instancia respectivos. un estado de todos los detenidos, presos y excarcelados habidos en el mes anterior. Id. id., artículo. 4.°

544

Si los alcaides ó rectoras faltaren á los deberes que esta ley les impone, serán corregidos de plano, en la capital. por el propio Tribunal, y en los departamentos foraneos por los jueces de primera instancia, con apercibimiento, multa de cinco á veinticinco pesos, ó suspensión de oficio y sueldos hasta por tres meses. Si á pesar de esto fueren incorregibles, serán destituidos por quienes corresponda. Id. id., art. 7. °

CAPITULO IV.

De la junta de vigilancia.

545

Sin perjuicio de lo que se ordene cuando se establezca la penitenciaría en el Estado, habrá por ahora una junta de vigilancia de cárceles en cada cabecera de departamento, compuesta de un presidente, dos vocales y un secretario, nombrados, por el gobierno en la capital, y por los jefes políticos en los demás departamentos. El empleo será concejil y durará dos años, quedando los nombrados exentos, por igual tiempo, de otros cargos del mismo orden. Sus atribuciones serán:

I. Visitar las prisiones, una vez por lo menos cada semana, para examinar si el alcaide cumple ó no con sus deberes, tomando nota de sus abusos que observe, para dar cuenta al magistrado ó juez de la visita.

II. Formar un proyecto de reglamento de las prisiones, dando cuenta de sus trabajos al Congreso, por conducto del Ejecutivo para su aprobación.

III. Reunirse cada mes los días que sean necesarios para resolver sobre las anotaciones que haya de hacerse en el libro ó registro que al efecto deben llevar, acerca de la conducta de los presos, con audiencia de estos y de los encargados de la prisión, si se considerase necesario.

IV. Presentar al gobierno, cada seis meses, una memoria en que, al mismo tiempo que dé cuenta de sus trabajos, acompañe los datos que sean útiles para la formación de la estadística criminal, y proponga cuantas medidas estime convenientes para la mejora de la prisión. Ley de 25 de Diciembre de 1878, art. 1 $^\circ$

546

La junta de vigilancia por sí ó por medio de comisiones que nombre de su seno, ejercerá las facultades siguientes:

I. Entrar á las prisiones en cualquier día y hora, reconocer su estado, inspeccionar los libros del alcaide y practicar las averiguaciones que juzgue convenientes.

II. Hablar durante el dia, á cualquiera hora de él, con los presos, oir sus quejas y dar cuenta inmediatamente á la autoridad que coresponda para que ponga oportuno remedio.

III. Determinar sobre los cargos que se hagan á los presos por falta de subordinación ó disciplina, dando cuenta, en caso grave, á la autoridad competente. Ley citada, art. 8 $^\circ$

TITULO, III.

De la libertad preparatoria.

CAPÍTULO UNICO.

547

Todo reo que tenga derecho á la libertad preparatoria, la pedirá por escrito y por conducto del juez de lo criminal del lugar en donde se halla extinguiendo su condena, al superior Tribunal de Justicia del Estado. Ley de 25 de Diciembre de 1878, art. 9 $^\circ$

548

El solicitante acompañará á su ocurso testimonio de las anotaciones que sobre su comportamiento haya en el libro de que habla el artículo 7 $^\circ$, debiendo darlo la junta luego que lo solicite, surcrito por el presidente y autorizado por el secretario. Id. art., 10.

549

El Tribunal, con vista del informe del juez remitente, ocursos y documentos á que se refiere el artículo anterior. otorgará ó denegará la gracia, según que resultaren ó no acreditadas la buena conducta del reo y haberse llenado los requisitos que exige el artículo 99 del Código Penal. Id., artículo 11.

550

El juez de la causa participará la concesión de la libertad preparatoria á la junta de vigilancia y alcaide de las cárceles para que la anoten en sus libros. Id·, art. 12.

551

Si se otorga la libertad preparatoria, se comunicará la concesión á la autoridad política departamental, para que se cumplan las prevenciones de los artículos 167 á 172 del Código Penal y á la sala donde esté radicada la causa del reo, para que se agregue á ella dicha comunicación y se ponga la la debida constancia en el proceso. Id., art. 13.

552

Si el agraciado faltare á las prescripciones insertas en su salvo conducto, ó por cualquiera otra causa se le redujese á prisión, la autoridad política de su residencia y el superior de quien lo aprehenda, darán parte de esto inmediatamente al Tribunal que otorgó la libertad preparatoria, acompañando todos los datos en que se haya apoyado la providencia. Id., art. 14,

553

Si los datos fueren fehacientes y bastantes para revocar la libertad preparatoria, lo decretará así el Tribunal, pero si no bastasen, mandará que se haga la averiguación judicial correspondiente, para resolver, en vista de ella, lo que fuese justo.

En ambos casos se oirá sumariamente al interesado. Ley de 25 de Diciembre de 1878, art. 15.

534

Cuando el agraciado sea acusado de nuevo delito, no revocará el Tribunal la libertad por esa causa sino hasta que el reo sea condenado por sentencia que cause ejecutoria,

La autoridad que la pronuncie lo participará inmediatamente al Tribunal, transcribiéndole literalmente la sentencia. Id. art. 16.

555

Siempre que se revoque la libertad preparatoria de que esté disfrutando un reo, se mandaiá al mismo tiempo que éste vuelva á su prisión á extinguir la parte de su condena de que se le habia remitido, y se darán los avisos de que habla el artículo 14. Id. art. 17.

556

En el caso del artículo anterior, el juez de la causa recogerá del reo su salvoconducto; e inutilizándolo, lo remitirá al Tribunal para que se agregue á los antecedentes. Id., artículo 18.

557

Contra la denegación ó revocación en su caso, de la libertad preparatoria, no se admite recurso alguno. Id., art. 19.

558

Cuando el término de la libertad preparatoria espire sin que haya habido ningún motivo para que se revocara, ocurrirá al Tribunal......el agraciado para que se declare que queda en absoluta libertad.

Esta resolución se comunicará a la autoridad política y juzgados respectivos y se dará testimonio de ella al interesado, recogiéndole el salvoconducto, que inutilizará y agregará á los antecedentes. Id., art. 20.

559

El salvoconducto que se expida á los reos será impreso, llevará el sello del Tribunal, será firmado por el presidente y secretario, y extendido en la forma del modelo que va en seguida. Ley de 25 de Diciembre de 1878, art. 21.

SALVOCONDUCTO DE _____

Media filiación del agraciado.

Patria ------------------- --- ---

Edad............ ---- ----- ----

Estado............ ----- ---- ---

Estatura..... --------- ------

Color..... --- ----- ----- ----

Pelo.... ----- ------ ----- ----

Cejas....--- ------ ----- ----

Ojos................. --------

Nariz.......... ------ ----- ----

Boca---- ------ ----- -----

Barba..........----- ----- ---

Señas particulares........

------ ----- ----- ----- ---

Considerando que.................
--------------------- --- ---*c ndenado á*
-------------*años y*-------- ------*meses*
de-------------- -- -------- ---*ha*
extinguido ya la mitad de su con-
dena, y llenado todos los requisitos
que exige el artículo 99 del Código
Penal, se le otorga la LIBERTAD
PREPARATORIA *por todo el*
tiempo que le falta de esa pena, que-
dando entendido de las tres preven-
ciones que se insertan á la vuelta.

------------------------*á*..........*de*
----------------*de 18*------

SELLO DEL TRIBUNAL

Firma del presidente,

Firma del secretario,

Prevenciones á que queda sujeto el agraciado.

~~~~~~~~~~

1.ª Siempre que el agraciado con la libertad preparatoria tenga durante ella mala conducta, ó no viva de un trabajo honesto, si carece de bienes, ó frecuente los garitos y tabernas, ó se acompañe de ordinario con gente viciosa, ó de mala fama, se le reducirá de nuevo á prisión para que sufra toda la parte de pena de que se le había hecho gracia, sea cual fuere el tiempo que lleve de estar gozando de la libertad preparatoria.

2.ª Una vez revocada esta en el caso de la prevención anterior, no se podrá otorgar de nuevo.

3.ª El portador de este salvoconducto lo presentará siempre que sea requerido para ello por un Magistrado, Juez ó agente superior de la policía, y si no lo hiciere será castigado con un mes de arresto, pero sin revocarle la libertad preparatoria.

INDICE.

—

LIBRO PRIMERO.

DE LA POLICÍA JUDICIAL Y DE LA INSTRUCCIÓN.

LIBRO SEGUNDO.

DEL TRIBUNAL, DE LOS JUECES Y DE LOS ASESORES.

LIBRO TERCERO.

DE LOS RECURSOS.

LIBRO CUARTO.

DE LOS INSTRUMENTOS DEL DELITO. DE LAS PRISIONES. DE LA JUN-TA DE VIGILANCIA. DE LA LIBERTAD PREPARATORIA.

NOTAS Y CITAS.

Al número 1º Disposiciones reglamentarias de los juzgados.

A.

Ley de 13 de Noviembre de 1871.

Alcaldes rurales.

Artículo 1º Se establecen en los valles y riberas de los departamentos del Estado jueces que se denominarán alcaldes rurales.

Art. 2º Los Ayuntamientos de los municipios en cuyos lugares deba haber dichos funcionarios, harán la calificación de su necesidad, debiéndose, en caso afirmativo, nombrar un propietario y un suplente por la junta electoral respectiva.

Art. 3º El cargo de alcalde rural durará un año y no es renunciable sino por causa justa á juicio de los jefes políticos departamentales ó del Ejecutivo del Estado.

Art. 4º El radio jurisdiccional de los alcaldes rurales será el mismo que el de los comisarios rurales, y en los lugares donde no haya estos funcionarios y se crea conveniente establecer aquellos, el radio jurisdiccional será determinado por la municipalidad respectiva.

Ley de 30 de Octubre de 1873.

Jueces departamentales interinos.

Ar. 1º En los casos en que por licencia ó cualquier otro motivo tengan que separarse del ejercicio de sus. . . . , . . . funciones, por un tiempo indefinido ó ditalado los......Jueces de 1ª instancia, el gobierno nombrará las personas que deban sustituirlos interinamente........á propuesta en terna del Superior Tribunal de Justicia del Estado.

Ley de 18 de Enero de 1878.

Suplentes de los jueces departamentales.

Art. 2º En los casos de enfermedad, muerte ó abandono violento de las funciones de los mismos jueces, entrarán á sustituirlos en el ejercicio de ellas, por orden de sus nombramientos, los alcaldes de la cabecera del departamento; pero sólo por el tiempo que el ejecutivo dilate para ejercer la facultad que le concede el artículo anterior.

Ley de 22 de Julio de 1877.

Horas de oficina.

Art. 9º Los jueces asistirán á su despacho, en los días de trabajo, desde las nueve de la mañana hasta la una de la tarde, y de las tres hasta las seis de la misma, sin perjuicio de concurrir á él en cualquier día y hora, en los casos de notoria urgencia.

Ley de 19 de Enero de 1885.

Inventario que deben formar los jueces.—Penas.

Art. 1º Los jueces de primera instancia......jueces menores...... y sus respectivos secretarios, cuando fuesen sustituidos de una manera absoluta, no deberán separarse de sus despachos, ni los sustitutos encargarse de ellos, sin que antes se haya hecho formal y minuciosa entrega y recibo de todas las causas......criminales, documentos, libros y demás enseres de oficina, anotándose el estado en que se encuentren. Dichas autoridades formarán y suscribirán por duplicado el inventario correspondiente, quedando un ejemplar en la oficina, y remitiendo otro á su inmediato superior.

Art. 2º La falta de cumplimiento en lo prevenido en el artículo anterior, se castigará de oficio por los jefes de los respectivos funcionarios con la pena de cinco á veinticinco· pesos de multa, que se ingresará á la Tesorería General ó á las colecturías de rentas respectivas, sin perjuicio de quedar obligado el infractor á cumplir sin demora con aquella preo vención, bajo doble pena de la que se hubiere impuesto.

Decreto de 19 de Noviembre de 1886.

Licencia á los alcaldes.

Artículo único. Los alcaldes no se separarán del desempeño de sus funciones sin licencia escrita de los jueces de primera instancia, y ni ésta podrá *exceder* de cinco meses en cada año.

Decreto de 11 de Noviembre de 1874.

Art. 1.º En los departamentos en que estén divididos los ramos civil y criminal, corresponde á los jueces de 1.ª instancia del ramo civil conceder ó negar las licencias pedidas por los alcaldes y jueces rurales de su jurisdicción.

Art. 2.º En los mismos departamentos corresponde á los jueces de 1.ª instancia del ramo criminal vigilar que los alcaldes y jueces rurales asistan puntualmente á sus despachos y cumplan las atribuciones señaladas por la ley, y en los lugares donde haya más de un juez del mismo ramo criminal, ejercerá dicha vigilancia el juez en turno.

Ley del Timbre expedida en 31 de Marzo de 1887.

TIMBRES DE DOCUMENTOS QUE DEBEN USARSE.

Capítulo II.—Tarifa.—Art. 6.º:

8. Actuaciones en causas criminales:

A.—En causas criminales seguidas á petición de parte.—En cada hoja..............................$ 0 10

B.—En las promociones de los acusados y sus defensores, no se pondrá estampilla, bastando el sello del Juzgado.

C.—Se usará también sólo el sello del Juzgado, cuando el promovente no ministre con oportunidad la estampilla ó abandone la acción, si el proceso debe continuarse conforme á derecho.

D.—En las causas criminales seguidas de oficio, y tratándose de fianzas carceleras apud-acta, se usará del sello del Juzgado ó Tribunal respectivo.

E.—En las diligencias relativas á libertad preparatoria de los reos, se pondrá el sello del Juzgado, lo mismo que en las que se practiquen por causa de indulto.

9. Actuaciones en juicios de imprenta........... Exentas.

24. Certificado:

G.—De toda clase de actuaciones civiles y criminales á instancias de parte.—En cada hoja..$ 0 50

30. Copia simple:

La que se presentare con el fin de que haga fe sirviendo de prueba.—En cada hoja......   0 50
Si la copia se presentare con el original y éste tuviere las estampillas de ley............ Exenta.

31. Copia certificada:

C.—De cualquiera clase de actuaciones civiles ó criminales, á instancia de parte, inclusas las de las sentencias pronunciadas en los negocios.—En cada hoja.....................   0 50

H.—Copias autorizadas por los jueces ú otros funcionarios, siempre que aquellas tengan por objeto la mejor y más fácil instrucción de los negocios, ó hacer respecto de ellos alguna consulta.. Exentas.

44. Fianzas:

E.—Fianza carcelera apud-acta..................... Exenta.

47. Instructivo judicial............................. Exento.

Ley de 15 de Enero de 1863.

Atribuciones del Tribunal.

Art. 128. El Tribunal Superior de Justicia se dividirá en tres salas, servida cada una de ellas por un sólo magistrado.

Art. 134. Corresponde al Tribunal pleno:

I. Proponer al gobierno ternas para el nombramiento de asesores.

II. Oír las dudas de las salas y jueces sobre inteligencia

de alguna ley, para pasarlas con su informe al Congreso del Estado para su resolución.

III. Examinar y recibir á los abogados y escribanos conforme á las leyes.

IV. Hacer las visitas generales de cárceles turnándose los magistrados en las semanarias.

V. Nombrar y remover á los dependientes de su Secretaría.

Art. 132. La primera sala conocerá:

VI. De los estados de las causas criminales y de las civiles que deben remitir los jueces de 1.ª instancia, dictando en ellas las providencias oportunas a fin de que la justicia se administre pronta y cumplidamente.

Decreto de 6 de Julio de 1876:

Nombramientos de curiales para alcaldías.

Art. 2.º El nombramiento de los funcionarios á que se refiere el artículo anterior, (*curiales de los alcaldes*) se hará por los ayuntamientos á propuesta en terna de los alcaldes respectivos.

Ley 3, título 32, libro 12 de la Novísima Recopilación.

Procesos.

Mandamos que los escribanos (secretarios de los juzgados y Tribunal)....... hagan sus procesos en hoja de pliego entero bien ordenados........y asienten todos los autos que pasaren ordinariamente uno tras otro, sin entremeter otra cosa de fuera del proceso en medio.

Decreto 10 de Diciembre de 1874.

Turno de los jueces del ramo penal.

Art. 3.º ....en lo sucesivo cada uno de ellos (de los jueces del ramo penal del departamento del Centro) iniciará por riguroso turno mensual las (*causas*) relativas á los delitos que vayan ocurriendo y seguirán hasta su conclusión las de sus respectivos turnos.

Art. 5.º El turno se observará sin perjuicio de obrar indistintamente ambos jueces en los casos urgentes que ocurran; de manera que, instruidas las primeras diligencias, el negocio pasará al conocimiento del juez de su respectivo turno.

B.

Al número 4.º—Prisión de agentes consulares ó comerciales extranjeros.

Ley de 26 de Noviembre de 1859.

Art. 28. Cuando por existir datos suficientes con arreglo á las leyes, y no de otro modo, haya de procederse á la aprehensión de un agente comercial por crimen ó delito del orden común á que ellas impongan pena corporal, dicha aprehensión, salvo infraganti, sólo podrá llevarse á efecto por el juez de la causa, guardándose al reo en ese acto y en todo el curso del proceso, todas las consideraciones compatibles con su seguridad. El juez competente intervendrá desde luego en el juicio, y empezará por conceder al reo, tomando las precauciones convenientes para evitar su fuga, el tiempo que necesite y pida para arreglar, sellar y poner en guarda, como le parezca, los libros y papeles del consulado. Estos no serán leídos ni tocados por el juez, que deberá limitarse á proteger si el reo se lo pidiere así, la ejecución de las medidas que este último tomare para la seguridad ó inviolabilidad de unos y otros. Mas cuando por haber canciller que los guarde ó por otra causa cualquiera, el reo, á quien se instruirá de este artículo, nada pidiere acerca de ellos, el juez se abstendrá de tomar providencia alguna en esta razón.

Art. 29. La oficina consular y la habitación misma de los cónsules, vice-cónsules y agentes públicos consulares, serán igualmente respetadas; pero no se entenderá por esto que se les concede privilegio de asilo respecto á las personas ó efectos que se pretendan sustraer á la acción de las autoridades ú oficinas mexicanas.

Extranjeros

Ley de extranjería de 28 de Mayo de 1886.

Art. 26. El cambio de nacionalidad no produce efecto alguno retroactivo.

Art. 35. Los extranjeros tienen obligación........ de obedecer y respetar las instituciones, leyes y autoridades del
país, sujetándose á los fallos y sentencias de los tribunales,
sin poder intentar otros recursos que los que las leyes conceden á los mexicanos. Sólo pueden apelar á la vía diplo-
mática en el caso de denegación de justicia ó retardo voluntario en su administración. después de agotar inútilmente
recursos comunes creados por las leyes, y de la manera que
lo determine el Derecho internacional.

Desertores de buques de guerra y mercantes extranjeros. Su extradicción.

Ley consular de 26 de Noviembre de 1859.

Art. 10 °, fracción 9 ª Los cónsules extranjeros tienen
facultad para requerir la asistencia de las autoridades locales á fin de buscar, arrestar. detener y encarcelar á los desertores de buques de guerra y mercantes de su país, diri-
giéndose para este fin á los tribunales, jueces y oficiales competentes mexicanos; formulando por escrito su demanda, y
probando por la exhibición de los registros ó roles de los
buques, ó por otros documentos oficiales, que los individuos
reclamados hacian parte de dichas tripulaciones. Justificada
de este modo su demanda no se negará la extradicción de
desertores, salvo siempre lo prevenido en la Constitución respecto de extradicción de esclavos. Los desertores aprehendidos en esta conformidad, serán puestos á disposición del
agente comercial que los hubiere reclamado y podrán ser
detenidos en las cárceles públicas á petición y expensas de
quienes los reclamen, para ser remitidos á los buques de cuyo servicio desertaron, ó á otros de la misma nación. Pero
no haciéndose esta remisión al cabo de tres meses contados
desde el dia en que se verificó el arresto, los detenidos serán
puestos en libertad y no se les volverá á arrestar por la
misma causa. Y siempre que el desertor hubiere cometido
algún crímen ó delito en la República se sobreseerá en su
extradicción, hasta que el juicio criminal relativo hubiese
terminado y la sentencia final se hubiere llevado á ejecución.
Como lo dicho en esta fracción respecto á las reglas y condi-
ciones con que han de obsequiarse las reclamaciones de los

agentes comerciales, en orden á los desertores de buques, ha sido convenido en el tratado con la nación de S. M. el rey de Cerdeña publicado en México el 20 de Febrero de 1856, y por parecer la más favorable á la influencia consular, se ha hecho extensivo á todos los agentes comerciales, en virtud de la cláusula común en los tratados para que en este y en otros puntos, cada nación sea considerada lo mismo que la más favorecida; con todo eso, habiéndose estipulado con los Estados Unidos de América por el tratado que se publicó en México el 1 ° de Diciembre de 1832, que en estas reclamaciones de desertores, la prueba del rol y otros documentos públicos, surtiera sus efectos; ménos cuando se probare lo contrario, y que los desertores se pusieran en libertad si dentre de dos meses no se verificare la remisión, como podia muy bien suceder que esta potencia y las que no han pactado con la nación otra cosa, se creyeren más favorecidas por las dos mencionadas estipulaciones, que de verdad dispensan más protección á sus ciudadanos y súbditos, se declara que cuando los agentes comerciales de los Essados Unidos de América y de las otras naciones indicadas, pidiesen que sobre la admisión y efectos de las pruebas en sentido favorable á los desertores, ó sobre el máximum de su detención en el país. se observe lo convenido en dicho tratado de 1832, deberá accederse á esta solicitud sin dificultad y sin demora.

C.

Al número 5 y 231. Caución que se sustituye á la fianza.

«Si el reo como es frecuentemente posible, no tiene persona que preste la fianza, se sustituye esta con la caución protestatoria, *esto es con la promesa solemne que hace aquel de no separarse del lugar del juicio mientras dure este y de presentarse cuando fuere requerido. Podrá ser en estos casos que el acusado se fugue, quedando ilusorio el juicio ó la sentencia que se hubiere pronunciado; pero este mal, poco probable, es de menor importancia que el que se causa al mismo acusado privándosele de su libertad, el más precioso y el primero de los derechos del hombre.»—*Lozano, Derechos del Hombre, comentario al art. 18 de la Constitución Federal, página 151, núm. 248.

D.

Al número 26. Ley de extranjería de 28 de Mayo de 1886.

Los extranjeros cuando están obligados á hacer el servicio de policía

Art. 37. Los extranjeros están exentos del servicio militar. Los domiciliados, sin embargo, tienen obligación de hacer el de policía, cuando se trate de la seguridad de las propiedades y de la conservación del orden en la misma población en que estén radicados.

Art. 40. Esta ley no concede á los extranjeros los derechos que les niega la ley internacional, los tratados ó legislación vigente en la República.

E.

Al número 33. Exhortos, sus requisitos.

«Exhorto ó requisitoria es: el despacho de un juez á otro requiriéndole ó exhortándole á que ejecute algún mandamiento suyo.»

«La requisitoria se usa especialmente para citar ó emplazar al demandado ó reo que se hallen en territorio de otro juez; se expide á instancia de parte ó de oficio, según los casos. En las causas criminales, ha de constar la prueba del cuerpo del delito y de que es reo aquel contra quien se dirige y legítimo el Juez para conocer de la causa, á fin de que el requerido no tenga reparo en cumplimentarla como debe hacerlo; pues faltando estos requisitos puede denegarle el cumplimiento sin incurrir en pena»—Así lo dicen Escriche en la voz «Requisitoria» en su Dic. Leg. (fundado en las leyes 1 y 2 y 14 título 4 y 36 libro 11 Nov.) y D. Juan Sala, «Ilustración al Derecho de Esp, libro 3, título 5 número 14. —«En el exhorto se ha de insertar la justificación del delito y del delincuente á quien se manda aprehender, bastando las declaraciones de los dos principales testigos ó la de uno cuando menos y los indicios fundados que contra él resulten;

más no se han de entregar los autos originales, aunque, los pida el juez requerido, según enseñan los mismos autores, el «Nuevo Febrero Mexicano» en el número 15 del capítulo único, título 10, libro 3.º y D. Senen Villanova y Mañez, »Mat, crim. for.» obs. 5, cap. 2 núm. 20. Este último autor dice tambien: expidiéndose el exhorto para la captura de reo de paradero incierto, la dirección ha de ser á todos los parages en que se juzgue puede ser habido, pasando sucesivamente de unos á otros en conformidad de la guia, coto ó itinerario, puesto al márgen de la misma requisitoria.»|

«Por fin, cuando de todo punto se ignora el lugar donde exista la persona exhortada, en la práctica se acostumbra librar requisitorias para cada uno de los cuatro vientos, esto es, para las autoridades ó juzgados que haya por Oriente, Poniente, Norte y Sur.

«La Circ. de 30 de Noviembre de 1872 dice así: «Ministerio de Justicia é Instrucción Pública.—Sección 1.ª—Circ. —El artículo 16 de la Constitución previene que nadie pueda ser molestado en su persona, familia, domicilio, papeles ó posesiones sino en virtud de mandamiento escrito de la autoridad competente, que funde y motive la causa legal del procedimiento, y contra el tenor expreso de la Constitución, algunos jueces aprehenden por jurisdicción propia ó exhortados por jueces foráneos á personas del lugar en que residen y las remiten á las prisiones sin el mandamiento escrito «que funde y motive el procedimiento,» poniendo en conflicto á los alcaides, quienes no pueden recibir presos sin la orden arreglada á la Constitución. Para hacer cesar estos conflictos y guardar cumplidamente el precepto constitucional, ha tenido á bien acordar el C. Presidente de la República, se diga á los jueces, que en los mandamientos de prisión se ajusten á la letra de la Constitución y que á los exhortos que reciban para aprehender á algún individuo, no les den cumplimiento si les faltase el fundamento y motivo de ello.—Lo comunico á U. para su inteligencia y fines consiguientes.— Independencia &.—Ramón J. Alcaráz.

Reglamento de telégrafos nacionales de 1.º de Enero de 1863.

«Art. 41. En la trasmisión de los telegramas se dará preferencia á los que traten de aprehensión de criminales ó de evitar que se cometa algún delito. En seguida las comunicaciones del gobierno y despues las de los particulares. Para los del primer orden se podrá interrumpir á quien esté haciendo uso de la línea, aun cuando sea con telegramas del gobierno ó de particulares;» pero de este texto no se puede inferir que el telegrama exhortatorio no se funde con el laconismo posible, haciendo así legal y *posible* la captura del reo que se encuentre á grandes distancias. Gutierrez, Apuntes sobre fueros, tom. 1.º, páginas 586 á 588.

Sentencia ejecutoria de amparo, de 30 de Noviembre de 1869.

Declara que el exhorto (legalmente expedido) equivale en derecho al auto motivado de prisión.

F.

Al número 106. Prisión de empleados de Hacienda Federal,

Secretaría de Estado y del despacho de Hacienda y Crédito público.—Sección 3.ª—Circular.

Diversas disposiciones legales que se conservan en vigor hasta la fecha, y entre otras la real orden de 11 de Octubre de 1784 y la circular de 13 de Enero de 1838, que mandó observar lo prevenido por el artículo 93 de la Ordenanza de intendentes, fijaron determinados requisitos para proceder á la aprehensión de los empleados que manejan fondos del Erario federal, con el objeto de evitar la confusión y el desorden en las cuentas, que además de evitar la responsabilidad que deba exigirseles ponen en gran peligro los intereses de la Hacienda pública.

En el actual sistema de administración en que las autoridades locales no siempre toman estas precauciones ni conocen muchas veces las órdenes que se comunican por esta Secretaría de Estado á los empleados de Hacienda, es aún más inconveniente su prisión de una manera violenta ó imprevista, pues sobre las dificultades indicadas se hace patente la de dejar sin ejecución algunas determinaciones de interés público,

Penetrado el Presidente de la República de estas consideraciones, y teniendo á la vez en cuenta que los individuos encargados del despacho de los asuntos fiscales deben permanecer sujetos á las leyes y autoridades comunes, de las que no pretende de ninguna manera sustraerlos, ha tenido á bien disponer, con el objeto de asegurar los intereses del Erario sin que se paralice la acción de la justicia, que no se proceda á la aprehensión de los empleados de Hacienda, sin dar previamente aviso á la Secretaría del ramo, y hasta que esta comunique á la autoridad aprehensora haberse llenado los requisitos exigidos por la ley; pudiendo aquella sujetar al presunto delincuente á la Inspección de policía, ó tomar las precauciones que estime oportunas para evitar su evasión.

Y tengo la honra de comunicarlo á Ud. esperando se sirva dictar las órdenes conducentes, á fin de que en el Estado que dignamente dirije, esta suprema resolución tenga su más exacto cumplimiento.

Libertad &.—México, Junio 17 de 1887.—Dublán.

G.

Al número 168. Ley suprema de toda la Confederación Mexicana.

Constitución Federal de 5 de Febrero de 1857.

Artículo 126. Esta Constitución, las leyes del Congreso de la Unión que emanen de ella, y todos los *tratados* hechos ó que se hicieren por el Presidente de la República con aprobación del Congreso (del Senado, según la declaración de reformas á la Constitución, de 6 de Noviembre de 1874, título III, sección 2.ª, párrafo III, art. 72, B.), serán la ley suprema de toda la Unión. *Los jueces* de cada Estado se arreglarán á dicha Constitución, leyes y *tratados* á pesar de las disposiciones en contrario que pueda haber en las constituciones ó leyes de los Estados.

Ley de extranjería de 28 de Mayo de 1886. Extradicción de criminales.

Expatriación, naturalización, cambio de nacionalidad.

Art. 7.º La expatriación y naturalización consiguiente

obtenida en pais extranjero, no eximen al criminal de la extradición, juicio y castigo, á que está sujeto, según los tratados, las practicas internacionles, y las leyes del país.

Art. 26. El cambio de nacionalidad no produce efecto retroactivo.

Extradiccion sin tratados especiales.

La ley 18, título 16, partida 7.ª solo prescribe la remisión de delincuentes de un mismo señorio, y el artículo 113 de la Constitución federal impone á los Estados la obligación de entregar sin demora, los criminales de otros Estados á la autoridad que los reclame.

El artículo 126 de la misma Constitución manda que dicha Carta Política, las leyes federales que de ella emanen y los *tratados* hecho ó que se hicieren, sean la suprema ley de toda la Unión, y que los jueces se arreglen á la Constitución, leyes y tratados.

De todo se deduce: que la remisión ó extradición de Estado á Estado de la Nación es obligatoria, y que de Nación á Nación lo es solamente habiendo leyes de la Unión ó tratados que la acuerden; de otro modo, no es de accederse á la demanda.

Tratado celebrrado con los Estados Unidos de Norte América en 1.º de Diciembre de 1832.

Desertores de buques.

El artículo 30 es en lo susbtancial como el 10, fracción IX, de la ley consular de 26 de Noviembre de 1859.

Tratado de amistad, comercio y navegación entre Méjico y el Perú, de 20 de Noviembre de 1833.

Art. 8.º Los desertores de los buques de guerra, mercantes ó paquetes. serán aprehendidos y devueltos inmediatamente por las autoridades de los lugares en que se encuentren, bien entendido que á la entrega debe preceder reclamación del comandante ó capitán del buque respectivo, dando las señales del individuo ó individuos, constancia del roll y nombre del buque del que haya desertado. Podrán ser depósitados en las prisiones hasta que se verifique la entrega en forma, pero este depósito no podrá pasar del término de ocho días.

Ladrones famosos, asesinos, incendiarios, falsos monederos.

Art. 9.º Ninguna de las dos partes contratantes dará asilo en su territorio á los famosos ladrones, á los asesinos alevosos, á los incendiarios ni á los falsos monederos: cualquiera de estos criminales, que se acogiera á buscarlo, será devuelto al país donde se perpetró el crímen, tan luego como sea reclamado por el Ministerio de relaciones exteriores, con un testimonio auténtico de la sentencia definitiva que contra él se hubiese pronunciado.

«Es inconcuso que México podrá acompañar á la reclamación el testimonio de la sentencia del criminal, si enjuiciado por nuestros tribunales se fugó del país, fenecido ya el juicio, pero sino ha sido así, el testimonio será de las constancias que conforme á nuestra legislación son bastantes para el obsequio del exhorto común relativo á arresto ó prisión.» Gutierrez, obra citada, tomo 1.º, página 579.

Véase art. 129. Ley de 23 de Mayo de 1837, y artículo 2. Constitución Federal.

Tratado de extradición de 11 de Diciembre de 1861 entre la República y la de Norte América.

Art. 1.º Convienen las partes contratantes en que haciéndose la requisición en su nombre por medio de sus agentes diplomáticos respectivos, entregarán á la justicia las personas acusadas de los crímenes enumerados en el artículo 3.º de este Tratado, cometidos dentro de la jurisdicción de la parte demandante y que hayan buscado asilo ó se encuentren dentro de los territorios de la otra. Bien entendido que esto sólo tendrá lugar cuando el hecho de la perpetración del crimen se evidencie, de tal manera, que según las leyes del país, donde se encuentren las personas fugitivas ó acusadas, serian legítimamente arrestadas ó enjuiciadas si en él se hubiere cometido el crimen.

Art. 3.º Serán entregadas con arreglo á lo dispuesto, en este Tratado, las personas acusadas como principales, auxiliares ó cómplices de algunos de los crímenes siguientes, á saber: el homicidio voluntario, incluyendo el asesinato, el parricidio, el infanticidio y el envenenamiento: el asalto con intención de cometer homicidio, la mutilación, la piratería, el incendio, el rapto, el plagio, definiéndolo el aprehender y llevar consigo á una persona libre, con fuerza ó engaño: la falsificación, incluyendo el hacer, ó forjar, ó introducir á sabiendas, ó poner en circulación moneda falsa, ó billetes de Banco ú otro papel corriente como moneda, con intención de defraudar á alguna persona ó personas: la fabricación ó introducción de instrumentos para hacer moneda falsa ó billetes de Banco ú otro papel corriente como moneda: la apropiación ó peculado de caudales públicos, ó la apropiación hecha por alguna persona ó personas empleadas ó asalariadas, con perjuicio de sus principales: el robo, definiéndolo el tomar de la persona de otro con fuerza ó intención criminal, efectos ó moneda de cualquier valor por medio de violencia ó intimidación: el allanamiento, entendiéndose por éste el descerrajar, ó forzar, ó introducirse á la casa de otro con intención criminal; y el crimen de abigeato ó ratería de efectos y bienes muebles del valor de veinticinco pesos ó más, cuando este crimen se cometa dentro de los Estados ó Territorios fronterizos de las partes contratantes.

Art. 4.º Por parte de cada país la extradición de los fugitivos de la justicia sólo se podrá hacer por orden del Ejecutivo del mismo, excepto el caso de crímenes cometidos dentro de los límites de los Estados ó Territorios fronterizos, en cuyo último caso, la extradición se podrá ordenar, etc.

Art. 5.º Todos los *gastos* de la detención y extradición, ejecutados en virtud de las disposiciones precedentes, serán erogados y pagados por el gobierno ó por la autoridad del Estado ó Territorio fronterizo en cuyo nombre haya sido hecha la requisición.

Art. 6.º Ninguna de las partes contratantes queda obligada, por las estipulaciones de este Tratado, á hacer la extradición de sus propios ciudadanos.

Constitución Federal de 5 de Febrero de 1857.

Esclavos, reos políticos.

Art. 15. Nunca se celebrarán tratados para la extradición

23

de reos políticos, ni para la de aquellos delincuentes del orden común que hayan tenido en el país en donde cometieron el delito la condición de esclavos; ni convenios ó tratados en virtud de los que se alteren las garantías y derechos que esta Constitución otorga al hombre y al ciudadano.

Tratado de amistad, comercio y navegacion celebrado entre México y la Confederacion Norte Alemana y Zollverein el 27 de Agosto de 1870.

Art. 24. (Como la facc. IX, art. 10 de la ley consular de 26 de Noviembre de 1859.)

Tratado de amistad, comercio y navegación entre México é Italia, de 14 de Julio de 1874.

Art. XIX. (Como el anterior.) Agregando: «Queda entendido que si los desertores son ciudadanos del país donde acontezca la deserción, estarán exceptuados de las estipulaciones del presente artículo.»

Tratado de extradicción entre México é Italia 1° de Mayo de 1874.

Art. I. Convienen los Estados contratantes, en que cuando se haga la requisición en nombre de uno de ellos, se ordenará por el otro que sean entregadas á la justicia, las personas que hayan buscado asilo ó se encuentren dentro de su territorio, y que sean acusadas de haber cometido dentro de la jurisdicción del Estado requerente, alguno ó algunos de los crímenes en el artículo siguiente:

Art. II. Serán entregadas, con arreglo á lo dispuesto en este Tratado, las personas acusadas como reos principales, auxiliares ó cómplices, de alguno ó algunos de los crímenes siguientes, á saber: «el homicio voluntario, el asesinato, el parricidio, el infanticidio y el envenenamiento: la mutilación, el rapto con violencia, el plágio de una ó más personas por fuerza ó engaño, la piratería, el incendio, la apropiación ó peculado de caudales públicos, y la falsificación de moneda, papel moneda, vales públicos, billetes de banco, letras de cambio ó instrumentos públicos.

Art. III. La requisición para la entrega de los criminales

solo se podrá presentar en nombre de cada uno de los Estados contratantes, por medio de los agentes diplomáticos respectivos; y la extradición por parte de cada país, solo se podrá ordenar por la suprema autoridad ejecutiva del mismo.

Art. IV. Solamente tendrá lugar la extradición, cuando el hecho de la perpetración del crimen esté probado de tal manera, que según las leyes del país donde se encuentren las personas acusadas serían legítimamente arrestadas y enjuiciadas si el crimen se hubiese cometido dentro su jurisdicción.

Art. V. Para apoyar la demanda de extradición, se deberá presentar la orden de autoridad competente para la aprehensión de los individuos acusados; la indicación de la naturaleza y gravedad de los hechos, y la constancia de las informaciones ó documentos en que se funde la acusación. Todos los gastos de la detención y extradición serán pagados por el gobierno en cuyo nombre se haya hecho la demanda.

Art. VI. La extradición no podrá tener lugar: 1.º si los acusados son nacionales del país donde se encuentren y á cuyo gobierno se pida la extradición: 2.º Por delitos políticos. Bien entendido, que en el caso de haberse concedido la extradición por alguno de los delitos enumerados en el artículo segundo, no se podrá procesar ni castigar á los acusados. por razon de delitos políticos, ya sean inconexos ó conexos con los crímenes por que se hubiera concedido la extradición.

Art. VII. Cuando se haya concedido la extradición, no se podrá procesar á los acusados por crímenes diversos de los que hubieren sido motivo para concederla; y si pendiente el proceso se imputaren á los acusados otros de los crímenes enumerados en el artículo 2º, será necesario pedir nueva extradición al gobierno que concedió la primera, y sin obtenerla, no se podrá iniciar un nuevo procedimiento, ni se podrá prolongar la detención de los acusados, por ningún tiempo, después de que hayan sido absueltos ó hayan cumplido la sentencia del primer cargo.

Tratado de amistad, comercio y navegación celebrado entre México y el Gobierno de su Magestad el Rey de Suecia y Noruega.

15 de Diciembre de 1885.

Art. XXIII. (Sustancialmente como la fracc. IX, art. 10 de la ley consular de 26 de Noviembre de 1859.)

Decreto de 20 de Enero de 1854.

Exhortos extranjeros.

Antonio López de Santa Anna etc., sabed:

Que en uso de las facultades que la Nación se ha servido conferirme, he tenido á bien decretar lo siguiente:

Art. 1º A los exhortos de los tribunales extrangeros en materia civil, ordinaria ó criminal, siempre que vengan por el Ministerio de Relaciones y tengan las inserciones necesarias por la legislación mexicana y la protesta de reciprocidad, se dará cumplimiento por los tribunales mexicanos en todo aquello que pueda y deba ejecutarse en la Nación, con arreglo á los artículos siguientes:

Art. 2º El Ministerio de Relaciones trasmitirá el exhorto con la traducción correspondiente al Ministerio de Justicia, y de éste lo recibirán los tribunales.

Art. 3º Los exhortos para que se reciban informaciones de testigos, ó se practiquen otras diligencias, se cumplimentarán, á menos que el objeto ó convención á que se refiere ó trata de probar, esté expresamente prohibido por las leyes mexicanas.

Art. 4º Los exhortos para la ejecución de las sentencias ó providencias de embargo, ó aseguramiento de bienes en materia civil, ordinaria ó comercial, se cumplimentarán siempre que sean precisamente declarados ejecutivos por el Tribunal Supremo de la Nación, en sala plena y con audiencia del fiscal. No se accederá á esta declaración:

I. Cuando la sentencia no cause ejecutoria ó la providencia no tenga estado para poder ser ejecutada conforme á las leyes del país en que se ha seguido el juicio.

II. Cuando la sentencia ó providencia sea contraria á las leyes prohibitivas de México.

Art. 5° Los tribunales para la ejecución y cumplimiento de los exhortos, ajustarán sus procedimientos á las leyes nacionales.

Art. 6° En materia criminal, los tribunales mexicanos se limitarán á la precisa ejecución de lo expresamente prevenido en los tratados.

Art. 7° Por el Ministerio de Relaciones se remitirán los exhortos á los tribunales y jueces extranjeros que deban ejecutar las diligencias que se encarguen.

Por tanto, mando se imprima, publique y circule y se le dé el debido cumplimiento.

Palacio Nacional en México, á 20 de Enero de 1854.—*Antonio López de Santa-Anna.*—Al Ministerio de Justicia, Negocios Eclesiásticos é Instrucción Pública.»

La circular de Justicia de 14 de Febrero de 1856, mandó se arreglasen los exhortos al decreto preinserto.

Decreto de 28 de Octubre de 1853.—Requisitos para el valor en el extranjero de los instrumentos públicos otorgados en la República: para el de los expedidos en los Estados y para los otorgados en el Extranjero.

Antonio López de Santa-Anna, etc., sabed:

Que en uso de las facultades que la Nación se ha servido conferirme, he tenido á bien decretar lo siguiente:

Art. 1° Los documentos otorgados en la República con el objeto de que hagan fe en el exterior, tendrán la que les concede el derecho, siempre que en ellos concurran las calidades que á continuación se expresan, según la clase á que pertenezcan.

Art. 2° Si los documentos fueren autorizados por alguno de los Secretarios del Despacho, Ministro de la Corte de Justicia, ó Gobernadores de los Departamentos (Estados), la firma será legalizada por el oficial mayor de la Secretaría de Relaciones.

Art. 3° Si el documento fuere autorizado por alguna de las Secretarías de la Corte, por cualesquiera otros Tribunales de la Nación ó por alguno de los empleados del orden judicial del Distrito, su firma será comprobada por el Ministro semanero de la Corte Suprema. Pero si la expedición del documento se hiciere por un funcionario, oficina ó empleado del orden gubernativo del mismo Distrito, su firma será comprobada por el Gobernador del mismo, y tanto la de éste como la del Ministro semanero, serán legalizadas por el oficial Mayor de la Secretaría de Relaciones.

Art. 4.° Para que los documentos otorgados en los Departamentos (Estados) tengan fuera de la República y en el Distrito Federal la fe que les concede el derecho, bastará que la firma que los autoriza sea comprobada por el Gobernador, y la de éste legalizada por el Oficial Mayor de la Secretaría de Relaciones.

Art. 5.° La firma del Oficial Mayor de dicha Secretaría, será refrendada por el agente diplomático ó consular de la República, residente en el lugar ó distrito de la Nación donde deba producirse el documento; y si allí no lo hubiere, por el más inmediato.

Art. 6.° Los documentos de fuera de la República tendrán en ésta la fe que les conceda el derecho, siendo otorgados en la forma prescrita por las leyes del país en que se otorguen, y por las autoridades ó funcionarios á quienes ellas cometan tal encargo. Las firmas que los autoricen serán comprobadas por el agente diplomático ó consular de la República, residente en el lugar ó distrito de su otorgamiento, quien dará fe de haber sido oto-gado por persona legalmente autorizada para ello, con expresión de su carácter público: y que de notoriedad le consta hallarse expedita en el ejercicio de sus funciones. La firma del Ministro ó Agente consular de la República que haya hecho la comprobación, será legalizada en México por el Oficial Mayor de la Secretaría de Relaciones.

Art. 7.° Á los actos de registro y de notarios autorizados por los Agentes diplomáticos y consulares de la República en el extranjero, se dará la fe y crédito que les concede el derecho de las Naciones; pero si ellos hubiesen de tener su ejecución en la República, sólo será permitida siempre que se haga otro tanto con iguales actos de la misma en el país de que aquellos procedan, bien por convenio expreso ó por conformidad del respectivo representante diplomático que así lo estipulare. Los actos de comprobación que ejerzan, sólo tendrán plena fe cuando recaigan sobre la firma de funcionarios públicos en instrumentos de la misma clase ó en documentos oficiales.

Por tanto, mando se imprima, publique y circule y se le dé el debido cumplimiento.

Palacio Nacional de Tacubaya, á 28 de Octubre de 1853.—
Antonio López de Santa-Anna.—A D. Manuel Diez de Bonilla.

—

Habiéndose notado que el decreto expedido por esta Secretaría de Estado con fecha 28 de Octubre de 1853, salió con un error de imprenta en su artículo 4.º posponiéndose las palabras «y en el Distrito Federal,» que debieron colocarse á continuación de las «en los Departamentos;» S. A. S. ha dispuesto que se haga la debida rectificación, quedando el citado artículo 4.º redactado como está en el autógrafo en estos términos:

«Art. 4.º Para que los documentos otorgados en los Departamentos y en el Distrito Federal tengan fuera de la República la fe que concede el derecho, bastará que la firma que los autoriza sea comprobada por el Gobernador, y la de éste legalizada por el Oficial Mayor de la Secretaría de Relaciones.

Lo comunico á usted para su inteligencia y fines consiguientes.

Dios y Libertad. México, Marzo 16 de 1854.—*Bonilla.*

Constitucion Federal de 5 de Febrero de 1857.

Fe de los documentos públicos en los Estados.

Art. 115. En cada Estado de la Federación se dará entera fe y crédito á los actos públicos, registros y procedimientos judiciales de todos los otros. El Congreso puede, por medio de leyes generales, prescribir la manera de probar dichos actos, registros y procedimientos y el efecto de ellos.

Entrega de criminales de otros Estados.

Art. 113. Cada Estado tiene obligación de entregar sin demora los criminales de otros Estados á la autoridad que los reclame.

Formula para las rogatorias que se dirijan á los tribunales franceses.

Secretaría de Estado y del Despacho de Justicia é Instrucción Pública.—Circular número 5.

Por oficio fechado el primero del actual me comunica el Secretario de Relaciones Exteriores lo que sigue:

«El señor Ministro de la República francesa, en nota de 30 de Marzo último, me dice: «El Ministro de Justicia ha llamado últimamente la atención del Gobierno francés hacia la conveniencia que habia de que los tribunales extrangeros que dirigen cartos rogatorias á las jurisdicciones francesas, se sirviesen hacer seguir á la designación del tribunal especialmente exhortado para que proceda al cumplimiento de un mandato judicial, las palabras *ó á cualquiera otra autoridad competente.* Como lo hace notar el señor Martin Feuillée, sucede muy á menudo, en efecto, que los testigos, cuyo juramento ó declaración se trata de recibir, han abandonado, en el momento en que llega la comisión rogatoria, la localidad que habitaban anteriormente para fijarse en otra circunscripción judicial, ó si la comisión rogatoria se dirige exclusivamente á algunos de nuestros tribunales, cualquiera otra jurisdicción se encuentra incompetente por no haber sido exhortada por el tribunal extranjero para proceder á la diligencia prescrita. En semejaute caso, hay necesidad de volver á enviar la comisión rogatoria al juez que la expidió, para que sustituya á la primera localidad mencionada la indicación del domicilio actual. De aquí se originan pérdidas de tiempo considerable, que se evitarían si los tribunales eztrangeros tomaran ia precaución dedirigir sus requisitorias en una forma más general,—El señor Julio Ferry me encarga comunique á Vuestra Excelencia los informes que preceden, rogándole, para evitar los inconvenientes que acabo de señalar, se sirva recomendar á los tribunales mexicanos que dirijan, en lo de adelante, sus requisitorias á á los tribuuales franceses, en la fórmula antes indicada.»

Y estimando conveniente la práctica expresada para expeditar la administración de justicia, el Presidente de la República ha tenido á bien acordar: se recomiende su observancia á los tribunales, siempre que sea compatible con las prescripciones de la ley.

Tengo la honra de comunicarlo á Ud. para su inteligencia y efectos correspondientes.

Libertad y Constitución. México, Abril 13 de 1885.—Baranda.—Al Gobernador del Estado de Chiapas. San Cristóbal Las Casas.»

Por tanto, mando se imprima, publique y circule para su cumplimiento.

Palacio del Gobierno del Estado. San Cristóbal Las Casas, Junio 15 de 1885.—José M. Ramírez.—Juan J. Ramírez, secretario.

II.

Al los números 169 y 188. Prerogativa de los consules extranjeros.

Los cónsules, vice cónsules y agentes públicos comerciales extrajeros, que no ejerzan en la República directa ó indirectamente ningún género de industria ni comercio (y aún los dedicados al comercio ó industria), gozarán la siguiente prerogativa: Cuando hubieren de declarar como testigos en negocio judicial, se les pasará oficio al efecto, con expresión del día, hora y sitio en que han de comparecer. Y si las atenoiones consulares no les permitieren obsequiar la cita, expondrán oficialmente la excusa al juez de la causa, para que pueda ocurrir al consulado á pedir la declaración escrita, que no podrá negarse ni retardarse. Ley consular de 26 de Noviembre de 1859, artículos 18 y 19.

I.

A los números 77, 160 174, 220, 231 y 294.

Prisión de extranjeros.

Secretaría de Estado y del Despacho de Relaciones Exteriores.—Sección 1ª—Circular número 5.—Causas criminales contra extranjeros.

México, Agosto 14 de 1886.

Con frecuencia se ha notado en la época reciente, que algunos periódicos publicados en países amigos de México acogen con suma ligereza, y aun con marcada intención hostil, quejas de extraneros residentes en la República, los cuales aprehendidos por delitos que nuestras leyes castigan con pena corporal, pretenden ser víctimas de actos injustos cometidos por nuestras autoridades. En vista de los perjuicios que

24

semejante conducta puede causar al buen nombre de la Nación, si no tiene el cuidado necesario para rectificar, con la
debida oportunidad, las inexactitudes contenidas en tales
quejas y comentarios que sobre ellas se hicieren, el señor
Presidente se ha servido acordar: que se recomiende á Ud.,
como tengo la honra de hacerlo, que cuando por cualquier
motivo fuere aprehendido un extranjero dentro de los límites de ese Estado, se remita á esta Secretaría, á la mayor
brevedad, un informe detallado sobre los motivos del juicio
ó proceso que se inicie, y del estado que éste guarde. Con tal
fin, espera el mismo Supremo Magistrado, que ese Gobierno
del digno cargo de Ud., se servirá dar instrucciones correspondientes á las autoridades que le están subordinadas.

Desea así mismo el señor Presidente, que en cuanto de Ud.
dependa, se tenga cuidado especial de que en los casos á que
aludo, se verifique siempre la aprehensión por orden escrita
de autoridad competente, y en las causas criminales que se
sigan contra extranjeros, las autoridades judiciales de ese
Estado den perfecto cumplimiento á las prescripciones de las
leyes, expidiendo el auto motivado de prisión dentro del
término constitucional, é informando periódicamente á ese
Gobierno sobre el curso que siguiere cada causa, á fin de
que se comunique á esta Secretaría.

Renuevo á Ud. mi atenta consideración.—Mariscal.—Señor Gobernador del Estado de......

J.

Informes. Al número 238.

Ley consular de 26 de Noviembre de 1859, artículo 10.

Cuando se dirijan al juez de una causa criminal (los agentes consulares extranjeros de cualquier categoría) en que alguno de sus compatriotas fuere reo, tendrán amplitud para
informar de cuanto les pareciere conveniente á la inquisición
de la verdad y cumplimiento de las leyes y tratados vigentes, así como del orígen y fundamento de las noticias que comuniquen, para que, en caso debido, se reciba la prueba que
corresponda.

El reconocimiento de la atribución precedente, no autoriza á los agentes consulares para constituirse procuradores jurídicos de los reos, sino por expresa voluntad de estos y con sujeción á las leyes mexicanas.

En los informes ó representaciones que dirijan á las autoridades locales, usarán de términos comedidos, escribiéndolos en castellano, ó bien en francés ó inglés, y autorizándolos con el sello de la oficina consular.

L.

Ley sobre asesores, sancionada el 8 de Agosto de 1888.

Al número 321.

Art. 2 ọ El asesor será nombrado por el Ejecutivo á propuesta en terna del Tribunal de Justicia, y deberá tener los requisitos siguientes:

I. Ser chiapaneco con residencia en el Estado de cinco años por lo menos y estar en ejercicio de sus derechos de ciudadano.

II. Tener veinticinco años cumplidos y buena conducta.

III. Ser abogado recibido tres años antes por lo menos.

Art. 3 ọ Son atribuciones del asesor:...

II. Llevar además de los libros comunes uno de entradas y salidas en que asentará la fecha en que reciba cada expediente, anotando al márgen la de su salida y la providencia consultada.

III. Remitir cada seis meses al mismo Tribunal un estado de las causas que haya recibido y las que tenga pendientes, citando en una nota los acuerdos relativos á preferencias.

Art. 4 ọ El asesor residirá en la Capital del Estado, teniendo su despacho en un punto céntrico y tendrá correspondencia directa con las demás oficinas.

Art. 8 ọ Cuando el Tribunal de Justicia lo estime conveniente, mandará visitar por uno de sus magistrados la Asesoría general, conforme á los artículos 5 ọ y 6 ọ de la ley de 22 de Julio de 1877.

Art. 9 ọ El asesor no puede ser árbitro, arbitrador, apoderado ni ejercer la abogacía sino en causa propia ó de sus ascendientes, descendientes ó cónyuge.

Art. 10. Siempre que el Tribunal de Justicia note que el asesor es moroso en el cumplimientu de sus deberes, lo apercibirá por primera y segunda vez, le impondrá por tercera una multa de veinticinco á cien pesos y á la cuarta la destituirá, oyéndolo previamente.

Art. 11. El asesor no puede separarse del ejercicio de sus funciones sin licencia del Tribunal de Justicia, la que no podrá exceder de tres meses en un año.

Art. 12. El asesor en sus faltas temporales será reemplazado provisionalmente de la manera preinsierta en el artículo 2.°

Art. 13. Las horas de despacho serán de las nueve de la mañana á una de la tarde y de tres á seis de la misma.

Art. 14. El período del asesor será igual al de los jueces de primera instancia,

K.

Al número 110.

Competencia.

Cuando la contienda de competencia se suscita entre dos jueces de una misma línea ó esfera, pero de los cuales uno es superior y otro inferior, aquel pedirá á este un testimonio de todo lo actuado, ó el mismo proceso original para determinar en su vista. Al remitir dicho testimonio ó proceso expondrá el Juez inferior las razones que tiene para considerarse competente. (Escriche. Diccionario razonado de legislación y jurisprudencia, palabra COMPETENCIA, página 471, columna 1.° al fin.

Esta doctrina, en mi humilde concepto, solo es aceptable entre nosotros, cuando algún juez conoce de una causa que puede ser de la competencia de su superior, en cuyo caso aquel no compite ni debe competir con éste, tanto porque se romperian los vínculos de respeto y dependencia entre inferior y superior, como por que si éste es el Tribunal de Justicia, primero y soberano tribunal del Estado, no habria quien decidiese la controversia.

Según el Reglamento del Congreso (vid. núm. 478), el Gran Jurado, en casos semejantes, manda dirigir oficio al juez que esté procediendo; reclamándole las diligencias que haya practicado, y el juez debe remitirlas inmediatamente con un oficio en que funde su jurisdicción. Recibidas las diligencias y oficio, con vista de todo y audiencia del interesado, si lo hubiere, resuelve soberanamente sobre su competencia. Por identidad de razones creo que pueden así proceder la sala ó juez superior.

Puede un juez superior competir con otro juez que aunque sea superior en su clase, no ejerza jurisdicción sobre él; pero en tal caso, el inferior ocurre á su superior inmediato para que sostenga su competencia, y la cuestión se dirimirá con arreglo á las leyes, pues está reglamentada la manera de hacerlo.

M.

Nota al título II, libro IV.

Secretaría del Gobierno Constitucional del Estado Libre y Soberano de Chiapas.

MANUEL CARRASCOSA, Gobernador Constitucional del Estado Libre y Soberano de Chiapas, á sus habitantes, sabed: que el Congreso del mismo ha tenido á bien decretar lo que sigue:

El XV Congreso Constitucional del Estado Libre y Soberano de Chiapas, en nombre del pueblo, decreta lo que sigue:

CAPITULO I.

De las cárceles públicas.

Art. 1º Las cárceles públicas ó civiles son establecimientos de seguridad, expiación, corrección, orden y moralidad, instituidas para garantizar los intereses sociales, deteniendo simplemente en local separado por el término legal á los presuntos culpables, y castigando con la pérdida de la libertad y aún con trabajos forzosos á los delincuentes que estén bajo el imperio de la ley y que hayan sido juzgados ó penados por las autoridades del Estado.

Art. 2.º Sin perjuicio de las atribuciones que la ley señala al Tribunal Superior, á los jueces y Junta de Vigilancia, la administración y cuidado de las cárceles estarán á cargo del Ayuntamiento, quien cumplirá con lo que previenen las leyes del ramo y este Reglamento por medio de la comisión especial que nombrará en las primeras sesiones del mes de Enero de cada año.

Art. 3.º El sostenimiento de las cárceles será de cuenta de la Municipalidad respectiva, cooperando los otros Municipios únicamente para los gastos erogados en alimentación de los reos enviados de su demarcación.

Art. 4.º Cuando el Superior Tribunal ó los jueces notaren alguna falta ó juzguen conveniente dictar para las prisiones algunas medidas de mejoras, higiene, orden ó seguridad, las comunicarán por escrito al Jefe político para que esta autoridad se dirija al Ayuntamiento y disponga lo que corresponda.

Art. 5.º La Jefatura política, el Presidente Municipal y la comisión del ramo, pueden comunicar directamente sus órdenes y disposiciones relativas á la conservación del orden y seguridad de las prisiones.

Art. 6.º No serán admitidos en las cárceles públicas con el caracter de detenidos, ni presos á individuos que padezcan de un extravío mental, salvo que por el tiempo muy necesario permanezcan allí aquellos delincuentes que, habiendo cometido un delito grave, se presuma que no os cierta la enagenación que demuestran tener.

Art. 7.º Para el servicio de la cárcel de hombres habrá un Alcaide y un Celador, y para el de la cárcel de mujeres una Rectora que serán nombrados por el Ayuntamiento, previa terna de la comisión y devengarán el sueldo que aquel les asigne.

Art. 8.º Luego que lo permitan las rentas Municipales, habrá además en el interior de las prisiones los auxiliares que sean precisos para el mejor orden y seguridad de los delincuentes.

Art. 9.º Siendo la instrucción uno de los móviles que más contribuyen á la regeneración moral de los reos, uno de éstos que posea los conocimientos necesarios, enseñará á

todos los demás á leer y escribir, juntamente con las primeras reglas de la Aritmética. El aprendizaje será obligatorio
para todo reo que ignore dichos ramos.

Art. 10 º El reo que sirva de preceptor gozará de una
pensión mensual de dos á siete pesos, la cual podrá duplicarse, caso de que no habiendo quien tenga las aptitudes, sea
necesario ocupar á una persona libre que entre á las prisiones con sólo ese objeto y á las horas permitidas por este
Reglamento.

Art. 11. Si alguna corporación ó particular deseare establecer una cátedra de moral ó de algún otro ramo de utilidad, podrán ocurrir al Jefe político ó al Ayuntamiento,
solicitando la licencia respectiva, indicando la enseñanza que
han de impartir y el tiempo que han de emplear.

CAPITULO II.

De la comisión municipal de cárceles.

Art. 12. La comisión Municipal de cárceles es humanita-
ria, de orden y moralidad, y cuidará, en todo lo que esté de
su parte, que se cumplan estrictamente las prevenciones de
este Reglamento.

Art. 13. La comisión Municipal de cárceles, no podrá
componerse de ménos de dos individuos del Ayuntamiento
y á ella estarán subordinados el Alcaide, Celador y auxiliares en todo lo relativo al gobierno interior y económico de
las prisiones.

Art. 14. Son atribuciones de la comisión municipal de
cárceles.

1ª Visitar por todos sus miembros ó en turno por un
miembro de los de su seno, y por lo ménos una vez en la semana, el interior de las prisiones, con objeto de inquirir si
en ellas se cumple con lo que se dispone en este Reglamento.

2ª Escuchar las quejas que los reos pongan con relación
al porte de los empleados del servicio interior, policía y negocios económicos de los establecimientos.

3ª Dar cuenta en cabildo de cualquier infracción de ley
que se cometa por alguna autoridad respecto á los presos, á
fin de que el Ayuntamiento eleve su queja ante quien corresponda.

4ª Asistir á las visitas ordinarias y extraordinarias que practique el Superior Tribunal de Justicia ó Jueces de primera instancia.

5ª Promover en las sesiones del Ayuntamiento, cuanto juzgue conveniente para el orden y seguridad de las prisiones y beneficio de los encarcelados.

6ª Procurar que todos los reos se ocupen en trabajos con que puedan proporcionarse la subsistencia, y aún guardar ahorros para cuando recobren su libertad.

7ª Cuidar que los presos sentenciados sufran las penas que se les hubiere impuesto al ser condenados por sentencia irrevocable.

8ª Ordenar con instrucciones de la Jefatura política, los trabajos en que deben ocuparse los sentenciados á obras públicas y miéntras se establecen talleres en las prisiones, acordar lo que convenga para que no permanezcan ociosos los sentenciados á no salir fuera de los establecimientos.

9ª Imponerse de los adelantos de los presos en el aprendizaje de los ramos de instrucción, á los que se dedicarán de ocho á diez de la mañana, con excepción de los reos que salgan á obras públicas que recibirán la enseñanza de una á dos de la tarde.

10. No permitir que los reos sentenciados á obras públicas, se ocupen en trabajos particulares de ningun empleado ni funcionario.

11. Cuidar que los alimentos que se dén á los presos sean sanos y bien condimentados, sin distraer para ninguna otra cosa cantidad que esté asignada para los mismos.

12. Prevenir que los reos ocupen los departamentos que se les señale, á fin de que haya la debida separación entre detenidos, menores, correccionales, procesados por delitos graves, sentenciados, reos políticos y reos sujetos á la justicia federal.

13. Contener cualquier desorden de los encarcelados, dictando las providencias más necesarias y dando aviso inmediato á la Jefatura política.

14. Informar al Superior Tribunal y á los jueces de la urgencia que haya para conceder licencia á los parientes cercanos de un reo que pidan entrar á verse con él, en casos de enfermedad violenta ó de muerte.

15. Visar las nóminas de los sueldos de los empleados y

recibos de los gastos que hayan de cubrirse con fondos de la Tesorería municipal, lo mismo que intervenir en los estados ó inventarios que el Alcaide ó Rectora presenten.

16. Dar parte al Superior Tribunal, Jueces ó Junta de vigilancia de la mala conducta que observen algunos presos, faltando á sus deberes ó aconsejando el desórden y desobediencia.

17. Imponer multas á los empleados por su mal comportamiento, las que en ningun caso excederán de la quinta parte del sueldo que devenguen ni de cinco dias de arresto.

18. Cubrir en el acto y mientras se nombra el propietario cualquiera vacante que haya de momento.

19. Cuidar de que el Alcaide y Rectora lleven los libros que les estén encomendados con claridad, exactitud y limpieza.

CAPITULO III.
Del Alcaide.

Art. 15. El Alcaide es el Jefe interior ó inmediato de la prisión, á cuyas órdenes están sujetos los demás empleados de ella, siendo responsable de cualquier desorden que ocasionen su abandono ó morosidad.

Art. 16. Estará en lo que concierne á sus deberes, bajo las órdenes del Ayuntamiento, Jefe político, Comisión municipal, Superior Tribunal, Jueces y Junta de Vigilancia.

Art. 17. Facilitará á las autoridades judiciales y Junta de vigilancia los libros, documentos y datos que conforme á la ley deban pedirle y únicamente por el tiempo muy necesario.

Art. 18. Para ser Alcaide se requiere: 1° Tener 25 años cumplidos. 2° No hallarse en estado de decrepitud. 3° Ser vecino de la cabecera del Departamento respectivo, por lo ménos de dos años. 4° Tener buena conducta. 5° No adolecer de alguna enfermedad contagiosa ó que le impida el buen desempeño de sus deberes. 6° Saber leer y escribir.

Art. 19. Son atribuciones del Alcaide.

1ª Vivir en la alcaidía sin poderse separar por asuntos particulares mas que de nueve á diez de la mañana, de dos á tres de la tarde y de siete á nueve de la noche, á ménos que su separación sea necesaria para recibir órdenes ó para ocuparse en algún negocio del servicio por prevención de sus superiores.

2.ª Dejar en su lugar cuando por algún motivo se separe, al Celador, y en su defecto á un auxiliar.

3.ª Recibir á los presos que le sean entregados bajo las formalidades que las leyes previenen y cumplir con las órdenes que se le comuniquen, relativas á poner incomunicados ó en mayor seguridad á los presos que se le designen.

4.ª Cuidar bajo su responsabilidad de todos los presos y conservar en su poder las llaves, confiándolas de dia únicamente al Celador ó auxiliar, cuando tenga que separarse, y de noche al Jefe de la Guardia.

5.ª Visitar diariamente á mañana y tarde todos los departamentos para cerciosarse del orden, seguridad y aseo, ó imponerse de la conducta de los presos, dando parte inmediatamente á la Comisión municipal ó quien corresponda de la falta que notare.

6.ª Evitar que bajo ningún pretexto se introduzcan á la prisión bebidas embriagantes, naipes, dados, armas, sogas, venenos, sustancias explosivas ú otros objetos con que los presos puedan ofenderse, cometer nuevos delitos, causar algún escándalo, entregarse á los vicios ó conseguir la fuga.

7.ª Registrar cuan as veces lo crea conveniente las cajas, maletas, redes, lechos, etc., de los presos, siempre que tema se conserve alguno de los objetos á que se refiere la fracción anterior, pudiendo hacer registros acompañados del Celador y del Jefe de la Guardia, aún sobre las mismas personas de los reos.

8.º No permitir que se cuelgen hamacas, reatas, ni trapecios, ni que los reos tengan más muebles que los estrictamente necesarios para sus servicios.

9.ª Prohibir que los presos tengan adentro del Establecimiento sirvientes ó que vivan constantemente allí miembros de sus familias.

10. No tolerar comercios entre los reos, ni consentir que tengan en la cárcel animales domésticos.

11. Evitar que ningún reo durante el tiempo de su reclusión, arresto ó prisión, tenga en su poder dinero ni cosa alguna de valor.

12. Dejar en poder de los presos los objetos de su propiedad que lícitamente puedan poseer en la prisión, y guardar bajo su responsabilidad aquellos que no les sea permitidos conservar, asentando en sus libros la respectiva partida de

depósito, á cuyo pié deberá firmar el dueño del objeto depositado y en caso de no saber éste, la persona á quien autorice.

13. No permitir de una manera ostensible, en el interior de la prisión, el ejercicio de ningún culto.

14. Cuidar que el desayuno se reparta á las seis de la mañana y las comidas á las doce y cuarto del día y seis de la tarde, conservándose el orden, en raciones suficientes y sin distinciones de ninguna clase.

15. Asistir al reparto do alimentos y bebidas con que contribuyan algunas corporaciones ó personas humanitarias.

16. Prevenir que los presos que tengan alimentos de sus casas ó familias, reciban por la reja el desayuno, de seis á ocho de la mañana; el almuerzo, de nueve á diez; la comida de doce á dos, y la merienda de cinco á seis de la tarde.

17. Pasar lista en los dormitorios, á las cinco y media de la mañana en verano, y á las seis en invierno; abrir las puertas de todos los departamentos para que los reos salgan á los patios y corredores donde podrán permanecer hasta la tarde; practicar en seguida un reconocimiento en todos los aposentos para asegurarse de si las rejas no han sido trozadas, si las puertas no están fracturadas, si las cerraduras se encuentran en buen estado, si durante la noche no se hizo alguna horadación ó escalamiento, si se intentó cometer algún otro atentado; dando parte inmediatamente al Juez en turno de cualquier conato ó delito que descubra por sus indagaciones.

18. Cuidar de que luego que estén abiertos los dormitorios se haga en ellos y en todo el edificio el necesario aseo, que los reos procedan á la limpieza de sus personas, y que después del desayuno, se consagren á sus respectivos trabajos, tomando nota de los que estén enfermos para dar cuenta á quien corresponda.

19. Exigir á cada reo se ocupe en el trabajo á que haya sido sentenciado, sin emplear la violencia física para hacerlo cumplir, y sí poniendo al renuente ó renuentes, según lo previene el artículo 80 del código penal, en absoluta incomunicación por el tiempo que dure su renuencia.

20. No imponer á los reos como castigo correccional, por faltas disciplinarias, la pena de incomunicación, sin conocimiento y aprobación de la comisión municipal.

21. Cuidar que entre los reos no haya riñas, ni juegos de

manos, fuerza y pugilato; que no usen de expresiones indecentes, ni canten versos obscenos, ni lean libros inmorales;
que no jueguen con apuesta y menos á horas de trabajo, ra-
yuela, tángano, molina, león, botones, baraja, dados, etc. etc.
que no pinten en las paredes figuras ni letreros inconvenien
tes; que no quiten inútilmente la corteza de los árboles y
exigir que conserven en buen estado los platos, potes y demás objetos de su uso.

22. Pasar en prescencia del Jefe de la guardia, celador y
auxiliares, lista de los presos de cada dormitorio antes de
que entre la noche, hacer reconocer á cada reo el departamento que le corresponda; disponer se encienda el alumbrado suficiente, asegurar todas las cerraduras ó indicar al propio Jefe los puestos más á propósito para los centinelas que
deben vigilar.

23. Dar al Jefe de la Guardia, desde las siete de la noche
hasta las cinco de la mañana del dia siguiente, las llaves de
la entrada principal, haciéndole las recomendaciones que crea
necesarias para la seguridad de alguno ó de todos los reos,
imponiéndole de los temores ó sospechas que tenga y exigiendo del mismo la nota de «conforme con el número» al
pié de la lista de entrega.

24. Conservar en su poder durante la noche las llaves de
los departamentos interiores, y al retirarse de la cárcel á
las siete, avisar al Jefe de la Guardia el punto donde en caso
urgente se le pueda encontrar.

25. Dar el toque de completo silencio á las nueve de la
noche por medio de tres campanadas, desde cuya hora no se
permitirá ya movimiento ni bulla alguna, y el toque de ama-
necer á las cinco de la mañana.

26. Levantarse á inquirir la causa de cualquier rumor
alarmante que oyere durante la noche, ó cuando el Jefe de
la Guardia reclame su presencia.

27. Ordenar que el celador ó auxiliares anuncien con tres
campanadas las horas de reparto de alimentos, principio y
término de los trabajos, enseñanza é instrucción, y formar
lista antes de entrar la noche; y con dos campanadas, la presencia del Gobernador del Estado, de los Magistrados del
Superior Tribunal de Justicia y Jueces.

28. Informar á la comisión municipal todos los días verbalmente y por escrito cuando sea necesario, de las noveda

des ocurridas en la noche anterior, del número de presos, y detenidos que se hayan recibido, la autoridad que los haya consignado y las salidas que hubieren tenido lugar el dia anterior.

29. Dar cuenta á la propia comisión, al fin de cada semana del número de reos que se atiendan con las rentas municipales de la localidad, con las de los otros municipios y con el auxilio de las familias, no contándose jamás los detenidos en la anterior noche, que salgan antes de las ocho de la mañana del dia siguiente.

30. No recibir jamás en la cárcel á ninguna persona, sino con el carácter de detenida ó de presa y en virtud de orden escrita de autoridad competente.

31. No recibir bajo ningun concepto una boleta de prisión ó detención, si con el empleado que la presente no vienen la persona ó personas que en ella se designe.

32. Dar parte á la autoridad responsable de estar para fenecer el término que, según el artículo 19 de la Constitución federal, puede permanecer cualquier individuo con el carácter de detenido.

33. No tener en ningún caso por más de tres dias, á ningún preso que esté con calidad de detenido. En consecuencia, luego que espire el término constitucional, lo pondrá en libertad, asentando una razón de ello en el libro respectivo ante dos testigos, aunque fueren de la Guardia, y dando aviso inmediato al Superior Tribunal de Justicia, para lo que haya lugar.

34. Entregar á los presos que hayan cumplido su condena, el dinero, prendas ú otros objetos que hubieren depositado.

35. No consentir jamás en la salida de ningún preso, ya sea porque la autoridad bajo cuya jurisdicción se halle, lo mande poner en libertad, ó que lo pida para practicar alguna diligencia, sino es en virtud de orden escrita de la misma autoridad.

36. No obedecer la orden de que salga un reo, bajo cualquier pretexto, siempre que dicha orden emane de una autoridad distinta á la que tenga jurisdicción sobre el mismo reo, avisando en el acto lo que ocurra á quien corresponda.

37. Llevar con puntualidad, exactitud y limpieza los libros á que se refiere el artículo 3 ? de la ley de 22 de Julio de 1877.

38. Llevar además dos libros, el uno de *Anotaciones* en que se hará constar la buena ó mala conducta de los reos, señalado con especialidad el estado de su instrucción, aplicación al trabajo y mejoramiento moral; y otro de *Depósitos* en que se asentará las partidas pormenorizadas del efectivo, prendas y demás objetos de valor que recoja de los presos.

39. Conservar y coleccionar las boletas y órdenes de detención, arresto y prisión que recibiere, marcándolas con el número correspondiente á la partida del registro respectivo.

40. Formar para el 31 de Diciembre de cada año, sin perjuicio de los casos de remoción ó reparación, un inventario de las herramientas y útiles que pertenezcan á las cárceles, del cual se harán dos ejemplares que, visados por la corporación municipal, uno quedará en la Secretaría y otro en poder del Alcaide.

41. Cumplir y hacer cumplir el presente Reglamento y demás disposiciones relativas que se dictaren, y exigir por escrito aquellas órdenes que crea estén en desacuerdo con lo prevenido, ó que versando sobre puntos no previstos, dude si está en la órbita de sus facultades cumplirlas, en cuyos casos dará aviso á la comisión municipal, para que esta disponga lo que convenga.

42. Permitir que los reos sentenciados á obras públicas se ocupen de asearse y trabajar á su beneficio los lúnes de cada semana, mientras no se disponga otra cosa.

43. No poner jamás en locales ocultos á ningún detenido, arrestado ó preso, especialmente cuando se practiquen las visitas de cárcel.

44. No maltratar indebidamente á ninguno de los presos ni exigirles gabelas, exacciones ó regalos para guardarles distinciones ó tolerar sus abusos.

45. No permitir que los presos antiguos exijan á los nuevos, con pretexto de salvarlos de ciertas prácticas ridículas é inmorales, contribuciones ú otros emolumentos gravosos.

46. Recoger por la noche todo instrumento que aunque permitido entre los reos para que se ejerciten en su profesión, no deban portarlo á horas que no sean de trabajo.

47. Conceder la entrada en las mañanas y tardes de los domingos, á las familias de los presos y aun á personas extrañas que deseen visitarlos, siempre que consientan en ser registradas aquellas de quienes se sospeche puedan introdu-

oir alguno de los objetos á que se refiere la fracción 6ᵃ de este artículo.

48. Cuidar de caulquiera notificación judicial ó administrativa que haya de hacerse á algún preso, se verifique en la pieza inmediata á la prevención á donde puede asistir su defensor ó abogado.

CAPÍTULO IV.

Del celador.

Art. 20. Para ser celador se requiere haber cumplido veintiún años, saber leer y escribir y tener buena conducta.

Art. 21. El celador acompañará al Alcaide en todos los actos en que reclame su presencia.

Art. 22. Sus atribuciones y deberes son:

1ᵃ Cumplir y hacer cumplir el presente reglamento.

2ᵃ Desempeñar las atribuciones del Alcaide cuando éste se separe en las horas que tiene permitidas ó cuando tenga que atender al llamado do alguna autoridad.

3ᵃ Entregar contados á la escolta respectiva los reos que salgan á trabajos de obras públicas.

4ᵃ Dar parte al Alcaide ó á la comisión municipal de cualquier falta ó delito que se cometa en el establecimiento, ó que pretenda cometerse.

5ᵃ Asistir de cinco á doce y media del dia y de dos y media á seis y media de la tarde.

6ᵃ Celar constantemente á los reos y tomar nota de la conducta que observen para imponer al Alcaide de todo aquello que juzgue conveniente.

7ᵃ Cumplir en cuanto esté de su parte y sea compatible con lo que se previene en las fracciones de la primera á la cuarenta y ocho del art. 19, ya porque el Alcaide sea removido violentamente, ya por que se haya separado para el desempeño de alguna comisión.

CAPÍTULO V.

De los auxiliares.

Art. 23. Habrá el número de auxiliares que acuerde la corporación municipal, cuyo nombramiento se hará con el informe de la comisión respectiva.

Art. 24. Para ser auxiliar se requiere haber cumplido veintiún años y tener buena conducta.

Art. 25. Son atribuciones de los auxiliares:

1.ª Cumplir las órdenes que conforme á este Reglamento les dén el Alcaide ó celador.

2.ª Desempeñar en los casos muy urgentes las funciones del Alcaide y Celador, especialmente las que se refieran á ocupar su puesto en la entrada principal, en las horas que aquellos tengan que separarse para desempeñar alguna comisión del servicio.

3.ª Vigilar bajo su responsabilidad los presos que se le encomienden, ya en el interior del Establecimiento, ya fuera en los trabajos de obras públicas.

4.ª Dar parte al Alcaide ó al celador de toda novedad que observen con relación á los presos en las horas de su vigilancia y que juzgue conviene tomar nota para lo que haya lugar.

5.ª Asistir al Establecimiento de siete á doce y media del dia, y de dos á seis de la tarde.

CAPÍTULO VI.

De la rectora de las cárceles de mujeres.

Art. 26. La rectora tendrá bajo su custodia, á las mujeres detenidas, arrestadas ó presas, siendo inmediatamente responsable de cualquier desórden que motiven su abandono ó descuido.

Art. 27. La Rectora en lo que toca al desempeño de sus deberes, estará sujeta á las órdenes del Ayuntamiento, Jefe político, comisión municipal, Superior Tribunal, Jueces y Junta de vigilancia.

Art. 28. La Rectora tiene obligación de facilitar á las autoridades judiciales y Junta de vigilancia los libros, documentos y demás datos que de acuerdo con la ley deban pedirle, sin que puedan retenerlos por más tiempo que el muy necesario.

Art. 29. Para ser Rectora es necesario: 1.º Haber cumplido treinta años: 2.º Ser vecina de la cabecera del Departamento en que haya de ejercer sus funciones, por lo menos un año ántes del nombramiento. 3.º Tener buena conducta.

4.º No adolecer de alguna enfermedad contagiosa ó que le impida el cumplimiento de sus deberes. 5.º Saber leer y escribir.

Art. 30. La rectora vivirá constantemente en la casa de recogidas, sin poderse separar más que en los casos muy precisos de tres á cinco de la tarde, dejando encargada del Establecimiento á otra Señora juiciosa que reuna los requisitos necesarios con conocimiento y aprobación de la comisión municipal.

Art. 31. Son atribuciones de la rectora:

1.ª Cuidar á las mujeres presas bajo su responsabilidad y conservar en su poder las llaves de dia y de noche, sin confiarlas á otra persona.

2.ª Registrar cuantas veces lo crea conveniente por sí ó con el auxilio de la policía los cofres, maletas, cestos, lechos etc., de las mujeres presas, siempre que haya temor de que en ellos se guarden algunos de los objetos á que se refiere la fracción 6.ª del artículo 19, pudiendo cerciorarse de lo cierto, aún sobre las mismas personas de las reos.

3.ª Cuidar que entre las presas no haya riñas, ni juegos de manos, fuerza ó pujilato; que no se expresen con palabras indecorosas ni canten versos obscenos, ni lean libros inmorales, que no se distraigan apostando y ménos á horas de trabajo, en jugar prendas, nones y pares, ajedrez, baraja, dados, etc., etc.; que no pinten en las paredes figuras ni letreros indecentes; que no arranquen sin necesidad las plantas útiles de los patios y traspátios, y exigir que conserven en buen estado los platos, potes, y demás objetos de su uso.

4.ª Pasar lista de las presas de cada dormitorio antes de que entre la noche, hacer reconocer á cada reo el departamento que le corresponda, disponer se encienda el suficiente alumbrado y asegurar todas las cerraduras.

5.ª Levantarse á inquirir la causa de cualquier rumor alarmante que oyere durante la noche, ó cuando á la puerta principal llame alguna autoridad ó agente de ella.

6.ª Anunciar con tres campanadas las horas de reparto de alimentos, principio y término de los trabajos, enseñanza é instrucción y pasar lista; y con dos la presencia del Gobernador del Estado, de los Magistrados y jueces.

7.ª No retener en ningún caso por más de tres dias á ninguna reo que esté en calidad de detenida. En consecuencia, tan pronto espire el término constitucional, la pondrá en libertad, asentando razón de ello en el libro respectivo, ante dos testigos, aunque fueren policías que llame al efecto.

8 ª Dar entrada á horas competentes á los Secretarios de las oficinas judiciales ó administrativas que tengan que hacer alguna notificación.

9 ª Cumplir para con los reos lo que respecto al Alcaide se previene en las fracciones 3, 5, 6, 8, 9, 10, 11, 12, 13, 14, 15, 16, 17, 18, 19, 20, 25, 28, 29, 30, 31, 32, 34, 35, 36, 37, 38, 39, 40, 41, 42, 43, 44, 45, 46 y 47 del artículo 19.

Art. 32. La reo que tenga las aptitudes necesarias enseñará á las demás á leer y escribir con las cuatro primeras reglas de aritmética, teniendo por pensión mensual de dos á cinco pesos, la cual podrá duplicarse caso de que sea preciso ocupar á una persona libre que entre á la casa de recogidas con sólo ese objeto, todos los días de ocho á once de la mañana.

CAPÍTULO VII.

Del Preceptor y Preceptora.

Art. 33. El Preceptor y Preceptora sean ó no reos serán nombrados por el Ayuntamiento con informe de la comisión de cárceles.

Art. 34. Son obligaciones de los preceptores:

1 ª Enseñar á los reos á leer y escribir, á numerar, sumar, restar, multiplicar y partir.

2 ª Concurrir á las horas de reglamento y emplear el tiempo señalado ó poco más, pero nunca ménos.

3 ª Dar parte al Alcaide y Comisión municipal, de los presos que se muestren renuentes á aprender.

4 ª Pedir á la Comisión municipal los libros y útiles que se necesiten y procurar por su aseo y conservación.

5 ª Destinar una ó dos horas en cada semana para darles lecciones orales de moral universal.

6 ª Tratar á los reos con la finura, educación y seriedad que exige el magisterio, procurando que sus buenas maneras les sirva de ejemplo y que nazca en ellos el deseo de moderarse y corregirse.

CAPÍTULO VIII.

De la Junta de Vigilancia.

Art. 35. Sin perjuicio de lo que se ordene cuando se establezca la penitenciaria en el Estado, habrá por ahora una Junta de vigilancia de cárceles en cada cabecera de Departamento, compuesta de un Presidente, dos vocales y Secretario, nombrados por el Gobierno de esta capital, y por los Jefes políticos en los demás Departamentos. El empleo será consejil y durará dos años, quedando los nombrados exentos, por igual tiempo, de otros cargos del mismo orden. Sus atribuciones serán:

1ª Visitar las prisiones, una vez por lo ménos cada semana, para examinar si el Alcaide cumple ó no con sus deberes, tomando nota de los abusos que observe, para dar cuenta al Magistrado ó Juez de la visita.

2ª Formar al fin de cada año un proyecto de reglamento de las prisiones, dando cuenta con sus trabajos al Congreso por conducto del Ejecutivo, para su aprobación.

3ª Reunirse cada mes, los días que sean necesarios para resolver sobre las anotaciones que haya que hacerse en el libro ó registro que al efecto deben llevar, acerca de la conducta de los presos, con audiencia de éstos y de los encargados de la prisión si se considerase necesario.

4ª Presentar al Gobierno cada seis meses, una memoria en que, al mismo tiempo que dé cuenta de sus trabajos, acompañe los datos que sean útiles para la formación de la estadística criminal, y proponga cuantas medidas estime convenientes para la mejora de las prisiones.

Art. 36. La Junta de vigilancia, por sí ó por medio de comisiones que nombre de su seno, ejercerá las facultades siguientes:

1ª Entrar á las prisiones cualquier día y hora, reconocer su estado, inspeccionar los libros del Alcaide y practicar las averiguaciones que juzgue convenientes.

2ª Hablar durante el dia, á cualquiera hora de él con los presos que no estén incomunicados, oir sus quejas y dar cuenta inmediatamente á la autoridad que corresponda, para que ponga oportuno remedio.

3ª Determinar sobre los cargos que se hagan á los presos

por falta de subordinación y disciplina, dando cuenta, en caso grave, á la autoridad competente.

CAPÍTULO IX.

De la guardia de cárcel.

Art. 37. El Jefe de la guardia, cumplirá con las obligaciones de su puesto, designados en la ordenanza general del ejército si fuere federal, ó en las leyes especiales del Estado, si fuere nacional.

Art. 38. Ya sean federales, nacionales ó policías los soldados de la guardia, el Jefe observará las prevenciones siguientes:

1.ª Estar á la disposición del Alcaide y en su falta del Celador, en todo lo relativo al orden y seguridad de la prisión.

2.ª Hacer cumplir á sus subordinados las consignas que para trasmitir á los centinelas le comunique el Alcaide.

3.ª Presenciar la lista de presos con que el Alcaide le entregue al anochecer, poniéndole la razon de *Conforme con el número* y exigiendo igual formalidad al volverse á encargar el Alcaide en la mañana del dia siguiente.

4.ª Recibir á las siete de la noche las llaves de la entrada principal, desde cuyo momento será responsable de cualquiera fuga, hasta las cinco de la mañana del dia siguiente que las devolverá.

5.ª Proporcionar escolta suficiente para la conducción de los reos que hayan de salir de la prisión, para la práctica de alguna diligencia judicial, dando parte al Alcaide de cualquier fuga que en este acto se verifique, é indicando quién ó quienes son los responsables.

6.ª Ordenar á los soldados de la guardia, se porten con orden y decoro, prohibiéndoles toda clase de comunicación y confianza con los presos y exigiéndoles comedimiento y cortesía para con las mujeres y demás personas que lleguen á visitar ó á dejar alimentos á la prisión.

7.ª Prestar auxilio inmediatamente al Alcaide para sofocar cualquier motín ó rebelión de los presos; no necesitando de instrucción alguna para calmar el desorden en los casos en que no se halle aquel empleado ni otra autoridad.

CAPÍTULO X.

De los detenidos, arrestados, reclusos, procesados y sentenciados.

Art. 39. Làs personas detenidas, arrestadas, reclusas, procesas y sentenciadas, de cualquier condición que sean, deben saber que las cárceles públicas son establecimientos de seguridad, expiación, corrección orden y moralidad.

Art. 40. Tienen obligación de respetar todas las prevenciones de este Reglamento y acatar las disposiciones que á su beneficio dicten las autoridades y empleados.

Art. 41. Son derechos de los detenidos:

1° Pedir que el Alcaide asiente con claridad y exactitud la hora y dia en que han sido entregados.

2° Quejarse verbalmente ó por escrito ante quien corresponda de los maltratos injustos que recibiere, ó de cualquiera otra molestia indebida.

3° Recordar al Alcaide que está al espirar el término constitucional de su detención.

4° Solicitar un lugar separado durante los dias en que permanezcan detenidos.

5° Solicitar su libertad cumplido el término que fija el artículo 19 de la Constitución federal y 84 de la del Estado, sino se han llenado los requisitos en ellos establecidos.

Art. 42. Son derechos de los arrestados:

1° Los designados en las fracciones 1ª y 2ª del artículo anterior.

2° Avisar al Alcaide que está al espirar el término de su arresto.

3° Pedir se les tenga en un lugar separado durante el tiempo en que estén arrestados.

4° Solicitar su libertad luego que se haya cumplido el término del arresto que se les haya señalado.

Art. 43. Son derechos de los reclusos:

1° Los que se expresan en las fracciones 1ª y 2ª del artículo 41.

2° Recordar que está al concluir el término de su reclusión.

3° Pedir que su reclusión se verifique en los términos acordados en los artículos 127 y 128 del Código penal y que se le conceda la libertad preparatoria á que se refiere el artículo 129 del mismo ordenamiento.

4.º Solicitar su libertad cumplido el tiempo de reclusión que se le haya señalado.

Art. 44. Son derechos de los procesados:

1.º Los que se designan en las fracciones 1.ª y 2.ª del artículo 41.

2.º Pedir el curso de su causa y que esta termine en el tiempo que señala el artículo 2.º de la ley de 25 de Diciembre de 1878.

3.º Solicitar su libertad cuando hayan sido absuelto y este prevenido en la sentencia que pueden salir de las cárceles bajo de fianza y sin ella.

Art. 45. Son derechos de los sentenciados:

1.º Los que indican las fracciones 1.ª y 2.ª del artículo 41.

2.º Pedir que se les dedique al trabajo que sea compatible á su sexo, edad, estado de su salud y constitución física.

3.º Avisar al Alcaide, para que este dé parte á quien corresponda, de que está al terminar el tiempo de su condena.

4.º Solicitar su libertad cuando se haya cumplido el tiempo que se les señaló en la sentencia.

5.º Pedir su libertad preparatoria cuando proceda, según los artículos del 98 al 104 del Código penal y ley de 25 de Diciembre de 1878.

Art. 46. Los detenidos, arrestados, reclusos, procesados y sentenciados deben observar buena conducta y dar muestras de que si han cometido alguna falta ó delito, están arrepentidos y que de dia en dia mjorarán de condición; manifestarán á quien corresponda si se hallan enfermos para que se dicten las medidas más convenientes, y tienen también derecho de que sus solicitudes sean proveidas en los términos que acuerda el artículo 4.º de la citada ley de 25 de Diciembre de 1878.

CAPÍTULO XI.

De las penas.

Art. 47. Las multas que se impongan por la infracción de este Reglamento, se enterarán á la Tesorería municipal y se aplicarán al fondo de presos.

Art. 48. Se impondrá de dos á diez pesos de multa á toda

autoridad y miembro de la Junta de vigilancia por cada vez que infrinja alguna de las prevenciones del presente Reglamento.

Art. 49. Se impondrá de uno á cinco pesos de multa al Alcaide, Celador ó auxiliares en la primera y segunda vez que infriajan alguna de las disposiciones á que se refiere el artículo anterior, destituyéndose de su encargo en la tercera vez que falte á sus deberes.

Art. 50. Las penas á qne están sujetos los de la guardia por la falta de cumplimiento á sus deberes, serán las que tengan señaladas por las leyes del orden militar.

Art. 51. Si la falta de cumplimiento á las prevenciones de este Reglomento constituyere un delito, será consignado el responsable á la autoridad competente para lo que haya lugar.

Art. 52. Las multas á que se refiere el artículo 123 del Código penal, se distribuirán en los términos acordados por la circular de 13 de Febrero de 1874.

CAPITULO XII.

Disposiciones generales.

Art. 53. Todo reo condenado á una pena que lo prive de su libertad, y que no sea la de reclusión simple, ni la de arresto menor, se ocupará en el trabajo que se le designe en la sentencia, el cual deberá ser compatible con su sexo, edad, estado habitual de su salud y constitución física.

Art. 54. No obstante la prevención del artículo anterior, los arrestados y los reclusos por delitos políticos, podrán ocuparse, si quisieren, en el trabajo que elijan con tal de que no se oponga á ello el Reglamento de la prisión.

Art. 55. Si en la sentencia no se fijare la clase de trabajo á que se condena el reo, podrá elejir éste el que le parezca conveniente, de los permitidos en la prisión.

Art. 56. Los sentenciados á prisión, reclusión ó arresto mayor por delitos comunes, serán empleados en las obras que necesite la Administración pública; y si no pudiere el Gobierno darles ocupación, podrán vender sus artefactos á particulares, ú ocuparse en trabajos que éstos les encarguen, siempre que sean de los permitidos en la prisión.

Art. 57. Aunque el producto del trabajo de los reos sentenciados pertenece al Erario, se aplicará á aquellos por mera gracia, el total ó una parte de él en los términos que expresan los artículos 83 al 91 del Código penal.

Art. 58. Mientras se establecen talleres formales en las cárceles, se permitirá á los reos sentenciados ocuparse en el trabajo que les acomode, siempre que para ejercerlo, no tengan necesidad de instrumentos ofensivos y que no se oponga á lo que se previene en el presente Reglamento.

Art. 59. En tanto no quedan establecidos y reglamentados los talleres de que se ha hecho referencia, no se dispondrá del producto del trabajo de los reos, según lo previenen los artículos del 83 al 91 del Código penal, sino que á su beneficio quedará el total, exigiéndoles únicamente que no conserven en su poder más que cantidades en efectivo que no pasen de uu peso, debiendo entregar en depósito lo restante, de cuyo fondo podrán disponer cuando gusten en favor de sus familias.

Art. 60. Los reos procesados podrán ocuparse en los trabajos permitidos en la prisión, y únicamente estarán obligados á hacer el aseo de los departamentos y asistir á las horas de instrucción, cuando ignore los ramos que según las prevenciones de este Reglamento ha de enseñar el Preceptor ó Preceptora.

Art. 61. Cuando el Preceptor ó Preceptora sean reos, no están obligados á los trabajos de limpieza; pero se ocuparán de las otras labores que su encargo les permita, y la remuneración que devenguen mensualmente será dividida en dos partes, una de que podrán disponer en su provecho y el de su familia, y otra que se les depositará para cuando recobren su libertad.

Art. 62. Con excepción de lo que establecen los artículos ochenta y ocho y noventa y la fracción segunda del artículo noventa y siete del Código penal, no habrá distinción alguna entre los reos condenados á prisión, arresto ó reclusión por delitos comunes. Todos tendrán aposentos y muebles iguales y tomarán los mismos alimentos. En esta prevención no se comprende el lecho ni el vestido, ni menos la asistencia que los reos reciban de fuera de la prisión.

Art. 63. Todo reo que se enferme deberá pasar á curarse al Hospital civil, para que allí pueda recibir los cuidados necesarios; á menos que la autoridad bajo cuya jurisdicción se halle, ordene sea atendido en la misma prisión.

Art. 64. Cuando los guardas ó auxiliares, el Jefe de una escolta ó cualquier otro encargado de conducir y custodiar un preso, lo pongan indebidamente en libertad ó protejan su fuga, serán castigados con las penas señaladas en los artículos del novecientos treinta al novecientos treinta y siete del Código penal.

Art. 65. En los puntos más aparentes de las prisiones se tendrán á la vista de los presos ejemplares de este Reglamento.

Art. 66. Las dudas que ocurran sobre la interpretación y aplicación de todas las disposiciones del presente Reglamento, las resolverá el Jefe del Ejecutivo.

TRANSITORIO.

Art. 67. Intertanto no haya prisiones separadas para los reos sujetos á la justicia federal, serán admitidos éstos en las cárceles civiles, sujetándose estrictamente á todas las prevenciones de este Reglamento.

Art. 68. Luego que se establezca la penitenciaría, el Gobierno creará la junta protectora á que se refiere la ley transitoria del Código penal, de siete de Diciembre de mil ochocientos setenta y uno.

Art. 69. Mientras se establece la plaza de Celador, uno de los auxiliares que actualmente se nombren guardas (en donde los hay) hará sus veces, turnándose semanariamente según el número de ellos.

El Ejecutivo dispondrá se imprima, publique y circule. Dado en el Salón de Sesiones del Congreso, en San Cristóbal Las Cazas, á los veintisiete días del mes de Marzo de mil ochocientos ochenta y ocho.—*J. Pánfilo Grajales*, D. P.—*D. P. Martínez Baca*, D. S.—*M. Suarez*, D. S.

Por tanto, mando se imprima, publique, circule y cumpla.

Palacio del Gobierno del Estado. San Cristóbal Las Casas, Maazo veitisiete de mil ochocientos ochenta y ocho.—

Manuel Carrascosa.—Al C. Juan José Argüello, Secretario general interino del despacho.»

Y lo comunico á Ud. para su inteligencia y fines consiguientes.

Libertad y Constitución. San Cristóbal Las Casas, Marzo 27 de 1888.

ARGÜELLO.